ねえ！聞かせて、パニックのわけを

発達障害の子どもがいる教室から

篠崎純子／村瀬ゆい

高文研

はじめに

「もう療養休暇に入ろうと思う。校長に言いに行く前にあなたに電話した。A（アスペルガーと診断された子）のことでつらい。とうとう私もキレまくってしまった。もう限界。二時半になると目が覚めて朝まで眠れない、そんな日が続いている。このままだと、Aも私もこわれてしまう」

「少し前はB（広汎性発達障害の子）の顔を見るとイラつく自分がいて、今は顔を見ないようにしているのに気づいた。でも結局、ぶつかってすったもんだして、『この子さえいなければ』と爆発している自分がいやになる」

「何度話しても暴力、暴言、飛び出しを繰り返すC。このごろはCだけでなくて、DもEも教室で暴れたり、教室を出て行ったり……。結局、授業がぐちゃぐちゃになって、保護者会を開いてくれと学級委員さんが校長に言いにきた。こんなこと、三〇年の教師生活で初めて……」

これは、発達障害と診断されたり、その可能性があるのではないかと思われる子どもたちを受け持つ先生たちから、私のもとに届いた訴えです。厳しい現実にもかかわらず、よくぞここまで頑張ったという思いと、私自身も何度も同じことを考えたという共感のメッセージとともに、療休の可能性も視野に入れながら、その子をどう理解し、どんな指導の方法があるかを、その都度それぞれの方と相談し合ってきました。「困る子は困っている子」のスタンスに立ち、保護者の方々とも手をつなごうと頑張っている先生たちを、なんとか応援したいという思いからです。

でも悩んでいるのは先生たちだけではありません。私は、支援学級や通級指導学級の仕事をしているのですが、保護者のみなさん、そして発達障害を持つ子どもたち自身も想像以上に生きづらさを抱えて生きているという現実を知りました。

子ども、保護者、教師――発達障害をめぐって困難の最前線で頑張り合っている者同士、共にもっと楽に、幸せに生きられる道はないものかと考えながら、私は全国生活指導研究協議会で多くの仲間と共に学んできました。その中で、実に豊かに子どもを捉え、「ころんでもただでは起きない楽しい実践」をしている村瀬さんと出会いました。いくら本を読んでも見つからなかった答えが、村瀬さんの話の中にありました。

この本はその村瀬さんといっしょに、困難を抱えた子どもたちにどう向き合っていったらよいのか、失敗を繰り返しながら私たちなりに模索し続けてきた試みをまとめたものです。文中にも記しましたが、付き合うにつれ、発達障害の子どもたちはとても困っていて、不安に押しつぶされそうになっているにもかかわらず、なんてけなげに頑張りたいと思っている子たちなんだろうとしみじみ思います。

この本が、発達障害を持つ子どもたちに関わる全ての人々、学校・医療相談関係者、保護者のみなさん、教師をめざしている人々のもとに届き、悩める子どもたちに向き合う時のヒントになってくれたらと願っています。

なお、登場人物はすべて仮名であることをお断りしておきます。

【落ち込んだ時の魔法のことば】

どうか「この子さえいなければ……」と思う自分を責めないでください。
そこには何とかしようと困っているすてきな「あなた」がいるのですから。
たとえ、何かを変えることができなくても、
その子の聞こえない「声」を聞こうとするだけでも
すてきなことなのですから。

篠崎　純子

✹──もくじ

第Ⅱ章　暴力をふるう子、夢まろとダン吉

カバー・本文イラスト――広中 建次
装丁・商業デザインセンター――松田 礼一

発達障害は一人ひとり違う（重複のケースも）

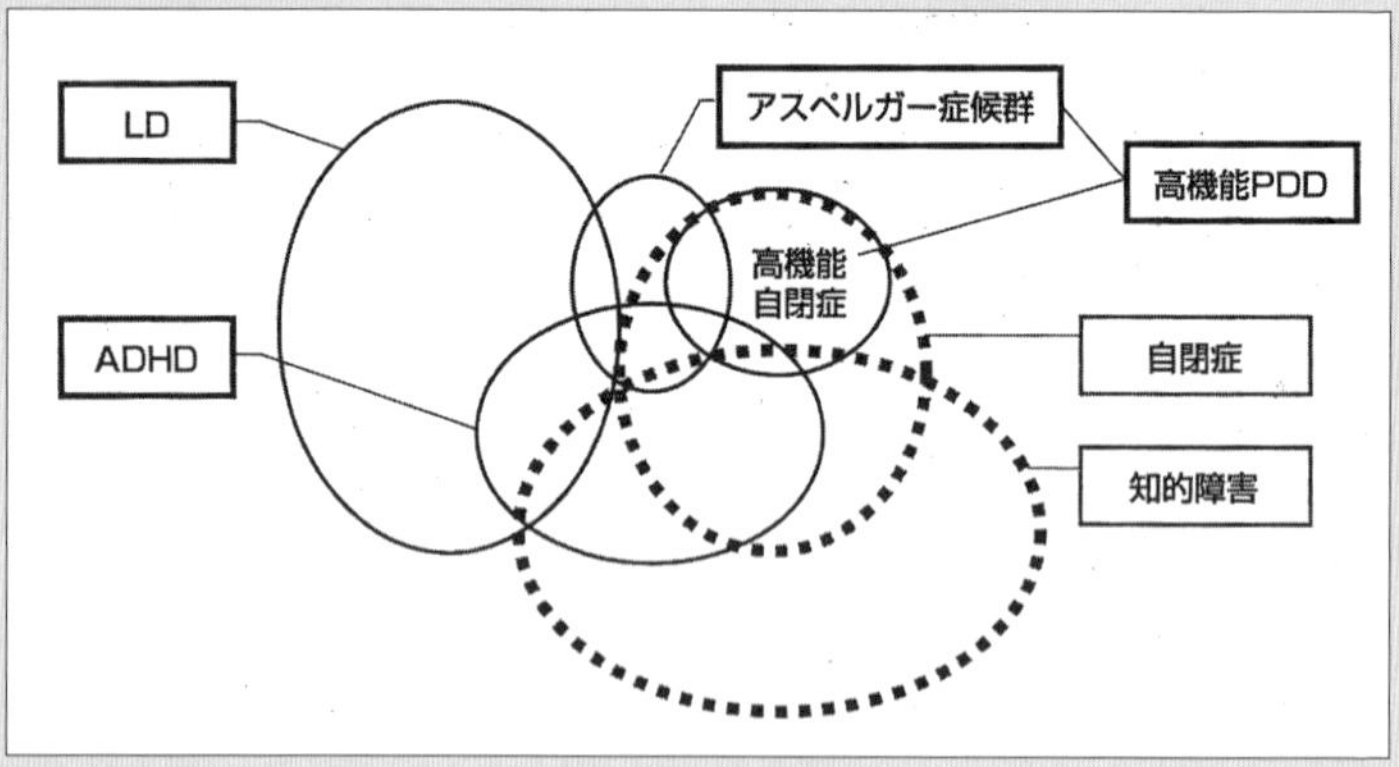

注意欠陥多動性障害（Attention-Deficit/Hyperactivity Disorder＝AD／HD）＝年齢あるいは発達に不釣り合いな注意力、及び衝動性、多動性を特徴とする行動の障害で、社会的な活動や学業の機能に支障をきたすものである。７歳以前に現れ、その状態が継続し、中枢神経系に何らかの要因による機能不全があると推定される。

学習障害（Learning Disabilities＝ＬＤ）＝基本的に全般的な知的発達の遅れはないが、聞く、話す、書く、計算する、または推論する能力のうち、特定のものの習得と使用に著しい困難を示す状態を指すものである。その原因として、中枢神経系に何らかの要因による機能不全があると推定される。

高機能自閉症＝①他人との社会的関係の形成の困難さ、②言葉の発達の遅れ、③興味や関心が狭く特定のものにこだわることを特徴とする行動の障害である自閉症のうち、知的機能の発達の遅れを伴わないものを言う。この高機能自閉症の定義から見て、②の言葉の発達の遅れが目立たない、良好なものを「アスペルガー症候群」と言う。

　これらの障害は、単独の場合もあるが、上の図のように幾つか重複していることもある。発達障害の子どもたちは、その特徴が理解されにくく、育てにくさがある。そのため、被虐待・愛着障害など、幾重にも生きづらさを抱える子どもたちがいる。

第Ⅰ章

発達障害といわれる子どもとの出会い

思わず口にした「出て行きなさーい！」

篠崎　私が初めて発達障害の子を受け持ったのは今から三〇年くらい前のことです。「自閉症」という名称も初めてですし、その子がどういう状態なのかも予想がつきませんでした。

智は当時三年生だったのですが、授業中、突然「おまえは悪魔だ。せいばいしてくれる」とか言って殴りかかってきたり、離席はもちろん、知らない間に教室を出てしまう。しかもその抜け出し方が天才的で、私が黒板の方を向いていたり、他の子どもに気を取られているほんの数秒の間に姿を消してしまう。「またやられた！」と鬼の形相で怒りながら、一日一万歩以上のバトル、意地になって探し回っていました。

やっと見つけても、テコでも動かないし、寝ころんだらもっと動かないし、給食は食べないしで、こんな子はどうしたらいいんだろう。次は何が起こるか、学校の外に飛び出してしまうんじゃないか、ケガをするんじゃないかと、ちょっとした音にもビクッとして不安でいっぱいでした。

でも、子どもの前に立つと、教師のメンツにかけても絶対言うことをきかせてみせるんだという怒りバージョン（笑）。とにかくどうにかしなくては……ちゃんと座らせて、勉強もさせて給食も食べさせて、掃除も寝ころんでいないでちゃんとさせたいと思っていましたから、私にとって、智がいることがとても負担で、だんだんイライラが増してきました。智がいることで授業は中断される、予想できないトラブルは次から次へと起こるし、クラスもだんだん落ち着かなくなるんです。

村瀬　まわりの先生方の目も気になったのと違う？

篠崎　そうなんです。指導が甘いからとか、去年はきびしい先生だったからよかったとかいろいろ言われました。だから余計、私は怒鳴りまくって、ある時、教室を出ようとしている智を見て、本当に頭にきてしまい、「そんなに出て行きたいなら、出て行きなさーい！」とか言って、廊下に椅子を放り出したんです。智はいつもなら平気で外に出て行くのに、その時は泣きながら、椅子をカラン、コロンと引きずって廊下を歩いて行きました。

まずいと思って、そっと後をつけて行くと、職員室の前で突然、彼は〝別人28号〟になって、「シノザキに出されたー、シノザキに出されたー」とわめきながら、校長先生に、「ボクのことを出したセンセがいます。名前はシノザキです。センセを百叩きにしてください」、そう言って校長先生に訴えているんです。

あわてて、なんとかとりつくろって智を教室に連れて帰ろうとしたら、智は私に椅子を持てと言い、優勝パレードのように先に歩いて教室に帰りました。完全に私の負けです。

そんなふうに、毎日毎日トラブルが続き、本当に追いつめられていました。だから智が休むと、「ああ、これが本来の私の教室なんだ。みんなニコニコしてるし、給食も食べるし、授業も順調に進む。これが本当の私の教室で、智がいることが普通の状態ではないんだ」とずっと思っていました。

植えたジャガ芋の不思議

篠崎　ある時、ジャガ芋を植える授業があって、みんなが穴を掘ってジャガ芋を植えているんですが、智は土にさわることが嫌なんです。「やりなさい！　こうやって、掘れば掘れるでしょっ！」と私がいらだっているのを側で見ていた腕白の信が、「先生、ナニやってるんだよ、オレ、掘ってやるよ」と言って、「ジャガ芋はこうやって植えるんだぞ」と智に穴を掘りながら教えてくれている。そこに美波が目印の木ぎれを立ててくれました。

その後、何カ月かして、いよいよ収穫する時期がきて、信が「ジャガ芋掘るぞォー。これは智のジャガ芋だから見てろー」と言って、ズズズーッと引っぱったら根っこにいっぱい何個ものジャガ芋がくっついて出てきた。そしたら智は、「ボクのじゃない、ボクのじゃない……」ってブツブツつぶやいている。植えたのは一個のはずなのに掘ったら何個もくっついて出てきた、だからそれはボクのじゃないって思ったんですね。

「これは智のッ！　看板があるだろ。ジャガ芋は一個から増えるんだよ」

他の子たちも、「えーっ、智ちゃん、それが不思議なんだー」とか、「確かに智の言う通り、不思議って言えば不思議だよね」と口ぐちに言っている。たまたまその日は給食がカレーで、中にジャガ芋が入っていたんです。

「見ろよ、智、これは智がつくったジャガ芋だぞ！」

「えーっ！　ボクのつくったジャガ芋？　こんなですか？」

「そうだよ、給食室で調理してくれたんだよ」

誰かが、「ああーうめえなー。智も食いなよ！」と言ったら、智はそのジャガ芋を食べたんです。智は普段ほとんど給食を食べない。パンが出ると、外側の固いところだけ食べて柔らかいところは友達にあげる。牛乳もおかずもダメで、食べるのは白いご飯だけ。ところがその日は、カレーのジャガ芋を食べた上に、「あったかいですね。生きてますね」って言ったの。

村瀬　智のことをよくわかってるいいクラスねえ。優しい子が多いよね。

篠崎　そう、いいクラスだったんです。後で聞くと、私が怒ってばかりだったので、自分たちでなんとか楽しいクラスにしたいと子どもたちが必死だったらしいんです。

困った時は子どもに聞く

篠崎　ある時、智のお母さんが誘ってくださって、病院にご一緒させていただいたことがあるんです。その時、お医者さんから、「パニックを起こさないようにするには、本人がいやだと思う刺激は与えないでください」と言われました。考えてみると、学校では智には刺激ばっかり、いやなこと、やりたくないことばかり押しつけていたわけで、お医者さんの言葉に、担任の私がひどく責められているように感じ、すごく暗くなったことを覚えています。私があまりに落ち込んでいたので、お母さんが学校に来て、子どもたちに智のことを話してくれることになりました。その時のお母さんの話というのは――

「智は一人でぶつぶつ言ったり、突然、スペイン語講座が始まったり、駅員さんになったりします。だけど、それは智がそういう世界に入ってしまうからなので、そんな時は正面からでなく、トントンと横から肩をたたいて『今、算数、算数の博士になりましょう』などと声をかけてくれると、授業に戻ってくるはずですから」

そういうことは子どもたちも知らないし、私も知らない。だから、どうにもならない時は、暗い物置かなんかに連れて行って、「悪いことをするとお化けが出るよー」とか言って脅したりしてたんです（笑）。

でも、そんなふうにお母さんに教えてもらって、少しは気が楽になりましたが、やっぱりとっさの対応がわからなくて困ってしまうことは次々起こりました。そんな時は班長会なんかで、子どもたちに、

「ねえ、先生、困っているんだけど、どうしたらいいと思う？」

と聞くと、

「先生、そんなことも知らないの？」

「全然わかんないよ」

「先生、智が動かなくなったら、『おーいてこ、おーいてこ』と言ったら、智は絶対ついてくるよ」

「えーっ、うそォー！」

とか言った私ですが、その通りやると、本当にそうなの！　追いかけたら逃げるけど、「おーいてこ、おーいてこ」と言うと、二、三歩行くけど、すぐ「うそーそんなー」って帰ってくるんです。

「ありがとね！　先生、大成功だ！」

と喜ぶと、「あ、先生もできたんだー」とか、「もっともっと教えて！」と言うと、体育はこうすればいいとか、縄跳びを智に跳ばせるのはまだ無理だけど、縄を動かすのがいいんだよとか、いろんなことを教えてくれました。

作文を書く時は、「智先生、原稿です。締め切りは○○までです」と、作家先生のように対応すると、ちゃんと書いてくれる。もちろん、暗号文のようなところもあるけど、本当に書いてくれるの。

「先生、テストもそうやってやればいいんだよ」と言うので、その通りに、「お願いします。○○までが締め切りです。あと三〇分です」と言うと、本当に取り組むんですよ。

そういうことを全部子どもたちに教えてもらいました。感激して、

「どうしてきみたちはそういうことを知っているの？」と聞くと、「なに言ってるんだよ。僕たち、幼稚園の時からずっといっしょだよ」って。「ええーっ、きみたちってすごい！　先生、良かった、これで少し元気が出てきたー」そんな感じで、「困った時は子どもに聞く」というのは、その時に学んだことです。

おしゃべり防止のガムテープ作戦

村瀬　子どもに聞くということが大事なんですよね。私の場合、困ったということでハッキリ覚えているのは、四年生を受け持った時のことです。

朝から帰るまで大声で、それもかすれた声でずーっとしゃべり続けている忠という子がいたんです。注意しても聞かないし、どうしていいかわからない。ずーっとコマーシャルを繰り返したり、歌を歌ったり、テレビのこととかをしゃべり続けている。「シーンとした時間が耐えられへん」って言うんです。

その頃、私もまだ若かったので、「こんなことをして、人権侵害にならへんやろか」と迷いつつも、セロテープを渡して「使う？」と口に貼らせてみたことがありました。後で聞いたら、他の先生もやったと言っていましたが、本当に口を押さえてやりたいぐらいう

るさかったんです。そのセロテープも、時に三本くらい貼るとか（笑）、マスクをさせてみるとか（笑）、ところがマスクをしたまましゃべるんです（笑）。

　そのうち誰かがガムテープを持ってきて、「お前、これ、使えよ！」と言われて、自分で自分の口にガムテープを貼ったんですが、おもしろくなって顔中にガムテープを貼って、目まで貼るから前が見えない（笑）。そのままフラフラ歩き出して大笑いになったり、口に貼ったら、横から舌を使って口のところだけ穴をあけてしゃべるんで、そこでまた笑いが起きてしまう。

　やればやるだけ変になって、よけいみんな集中できなくなってしまう。怒ってももちろんきかないので、困っていたらまわりの子たちが「先生、もういいよ。怒るくらいで治るんなら、とっくに治っているわ」と慰められて、ハッとしました。「叱って治るくらいなら、もうとっくに治ってる」という言葉は、その後の、自分の実践の指針の一つになりましたね。

でも、何とかしたい。その時、私も篠崎さんと同じで、子どもに聞きました。そのころ、班でのいろいろな活動を通してトラブルを読み解いたり、工夫を交流していたんです。

班長会で、「じゃあ、どうしたらいい？」と相談した時、子どもたちが考えたのはうちわなんです。

「大声でしゃべるから、忠って絶対、声のボリュームがわかってない。おまえ、どれくらいの大きさかわかるか？」って。

それで、今のボリュームが「5」だとしたら、「2」にしろとか、「3」にしろとか、それをうちわで示す。うちわに数字を書いて、両隣の子とか、前の席か後ろの席の子がさっとうちわを出す。「0にして！」とか、「2にして」と示すと、少しトーンが下がるんです。夏なんか、うまくできたら、扇いでもらって喜んでいる（笑）。

篠崎　えらい！　数字を使って、目で見えるようにしたんですね。それはすごいアイデア。「忠の幸せ」を考え合うことが「みんなの幸せ」にリンクしてる。

泣きながらお母さんが語った忠の生い立ち

村瀬　その忠とは一度ゆっくり話をしたいと思っていたのですが、いつも放課後飛んで帰ってしまう。何でだろうと思っていたら、これも子どもが教えてくれました。

「忠は寝たきりのお姉ちゃんの面倒見てるみたいやで。だから、先生、早く帰してやって」って言うんです。

そのお姉さんというのは、重度の肢体不自由児で家で寝たきりなんです。家計のため、母親は姉を置いて仕事に行く。だから、忠はできるだけ早く帰って、お姉ちゃんのおしめをかえてやりたいし、昼ごはんを介助して食べさせてやりたいんだということがわかったんです。

私は、前任校で、たまたまそのお姉さんが在籍していた肢体不自由児学級を受け持っていたので、卒業した姉のことも聞いて知っていました。そのことがわかって安心したのか、今まで家庭訪問も断っていたお母さんが、学校に来てくれたんです。

その時、忠もついてきて、古いタッパーに「ぼくが切りました」って、スイカが一口で食べられるように小さく切ってあるのを、私にすすめてくれました。帰りをできるだけ早くしてあげていたので、お礼のつもりだったんでしょうね。切なくて、忠がひとしお可愛く思えました。その時、お母さんからは、こんな話も聞いたんです。

「忠が小さい頃は、うちにお金が無くて、私は働らかなあかんけど、預けることもできない。姉が寝てますから、うろうろする忠を部屋にも置いておけない。それで、ベランダに小屋みたいな日よけを作って、この子は、ベランダに置いて仕事に行ってたんです。団地の一階なんで、近所の人が声をかけてくれたり、おやつをもらったりしてたみたいです。やっとお昼にパートから帰る生活でした。忠は、犬みたいにベランダで育ったんです。だから、泣いて泣いて、声もつぶしてしまったんですわ。大声なのも、泣いて親を呼んでたんですかね。虐待だったんですかねえ」

そう言って、涙を流しながらお母さんが話してくれたんです。私は、声も出ませんでした。「忠、よく四年生まで育ったなあ。家でもう充分がんばってる。学校のことは全部学校でします」、そんな思いでした。

それも、もう二五年くらい前のことで、今と比べたらまだのんびりした時代だったし、まわりも小さい時からいっしょに育っている子たちだから、忠のこともよくわかっていて、それなりの工夫をして自分たちが過ごしやすい方法を考えてくれたんですね。今思えば、忠のいいところも、弱さもみんなわかっていて、全部を受け止めてくれていたのでしょうね。
これが今だったら、即座に「早くしろよ！」「うるさいんじゃ！　だまれ！」となってしまう。まわりの子たちもイライラしていたり、傷ついていたり、「オレらだってしんどいんや」というのを隠して生活してるから、誰か一人弱い標的がいたら、自分たちのストレスをぶつけてしまう。それだけに、今はそういう事情も含めて、教師は実践の組み立てを考えていかなければならないという難しさがありますね。

篠崎　子どもたちというより社会自体が競争競争で、より速く、よりたくさん、より正確に……ということだから、発達障害の子とか、トラブルを起こす子というのは、いたら困るっていう感じになってしまいがちなんですね。

昔の子どもたちがいい子だったというより、今の子たちもきっと同じなんだろうけど、追いつめられているというか、子ども同士の関係性が変わってきているというのは感じますね。みんなと同じだととりあえず安心で、その安心な世界に生き残るために、異質なもの、独自なものに敏感に反応する。いっぱいいっぱいで余裕がない。気をつかいながら生きているなあと思います。寂しかったり、不安だったり、傷ついていたりする気持ちを誰にもわからないように装って生きているというか……。

だから大人が、傷に触ろうとすると、拒否する。拒否されるというのは「本当に自分と向き合ってくれるのか」というメッセージなんだと思うけど、あまりにも強烈な拒否だと、こちらも傷ついたり、壊れたりする。私たちはそこから実践をつくっていかなくてはならないから難しいんですよね。

村瀬　競争や能力主義に深く傷つけられているという点では、みんな同じだと思います。子どもたちは救いを求めていますね。それだけに教師はたたかう相手を間違えないような実践の構想を持つことが求められていると思います。

魚になりたかったマーくん

篠崎　昔の話から始めてしまったのですが、私は支援学級を担任し、今は通級指導学級の担当などをしています。発達障害の子どもと向き合って九〇分一本勝負をしているんですが、彼らのことをわかってくるにつれ、当人もとても困っていて、不安で押しつぶされそうになっているんだということに気がつきました。とても可愛くて愛おしくて、なんて素直にがんばりたいと思ってる子どもたちなんだろうと、今は思えるんです。

でも、出会いは「まわりはみんな敵」とか、「どうせぼくなんか」とか、これまでたくさん傷ついてきているので、だいたい「あっち行け」「死んじまえ」です。しかも、彼らのメッセージは謎めいていてなかなか謎解きが難しい。

例えばマーくんという男の子（一年生）、彼はアスペルガーと診断されているのですが、言葉とか聞く力、状況を見て取る力などバランスが悪く、生きづらい状況を抱えている。ほとんど教室にいないで、時どき帰って来ると友達にはさみでケガをさせたり、隣の子の図工の作品をたたき壊したりする。

そのマーくんが「かえるの学校」という泥の池に何回も飛び込み、そのたびに学校は大騒ぎになったという情報が入りました。お母さんはとっても申しわけなさそうに、「この子ったら、先生にご迷惑をおかけして……」とガッカリしているんですが、私はひょっとしたらと思い、「マーくんは、魚かなんかになりたかったのかな?」と聞いたら、「そうなんです。あの子、魚になりたかったと、家では言ったんです」とお母さんの顔がみるみる明るくなりました。私は、お母さんってすごいなと思いました。

「なるほど。マーくんが何かやる時には訳があるということを、お母さんはわかるんだね。ねえねえ、マーくんは魚になりたかったの?」

と聞くと、

「うん、そうだけど……」

と、私にも叱られると思ったのか、暗い表情のままマーくんは答えました。

「そう……、それで魚になれたの？」

そしたら「半分なれた」と言うんで、「半分なれてどうだった？」と聞いたら、「魚は臭くて、苦しくて、めんどくさかった」って。臭かったのは泥水だったから、苦しいのは中が泥水で魚みたいにパクッと息をつがなくてはならなかったから、めんどくさかったのは、汚れたので着替えなければならなかったからだって！（笑）

「そう、魚になるのもたいへんだね。それで、キミはずーっとこのまま魚になり続けるの？」

と聞いたら、

「うーん、ちょっと休む。休んで虫になるんだー」

と言って、そのあと、よく木にとまっていました。

そんなマーくんなんですが、三学期は「トラブル転じて福となす作戦」と題して、集中度アップのための「目標カード」（29〜28頁参照）や、「姿勢のあいうえお」（30頁参照）という目に見える「自己肯定感」を育てる取り組みもやって、マーくんもママも担任の先生にも笑顔が見られる日が出てきました。ところが、持ち上がりの新学期、マーくんの担任の朋子先生から、突然、相談の電話が入ったんです。

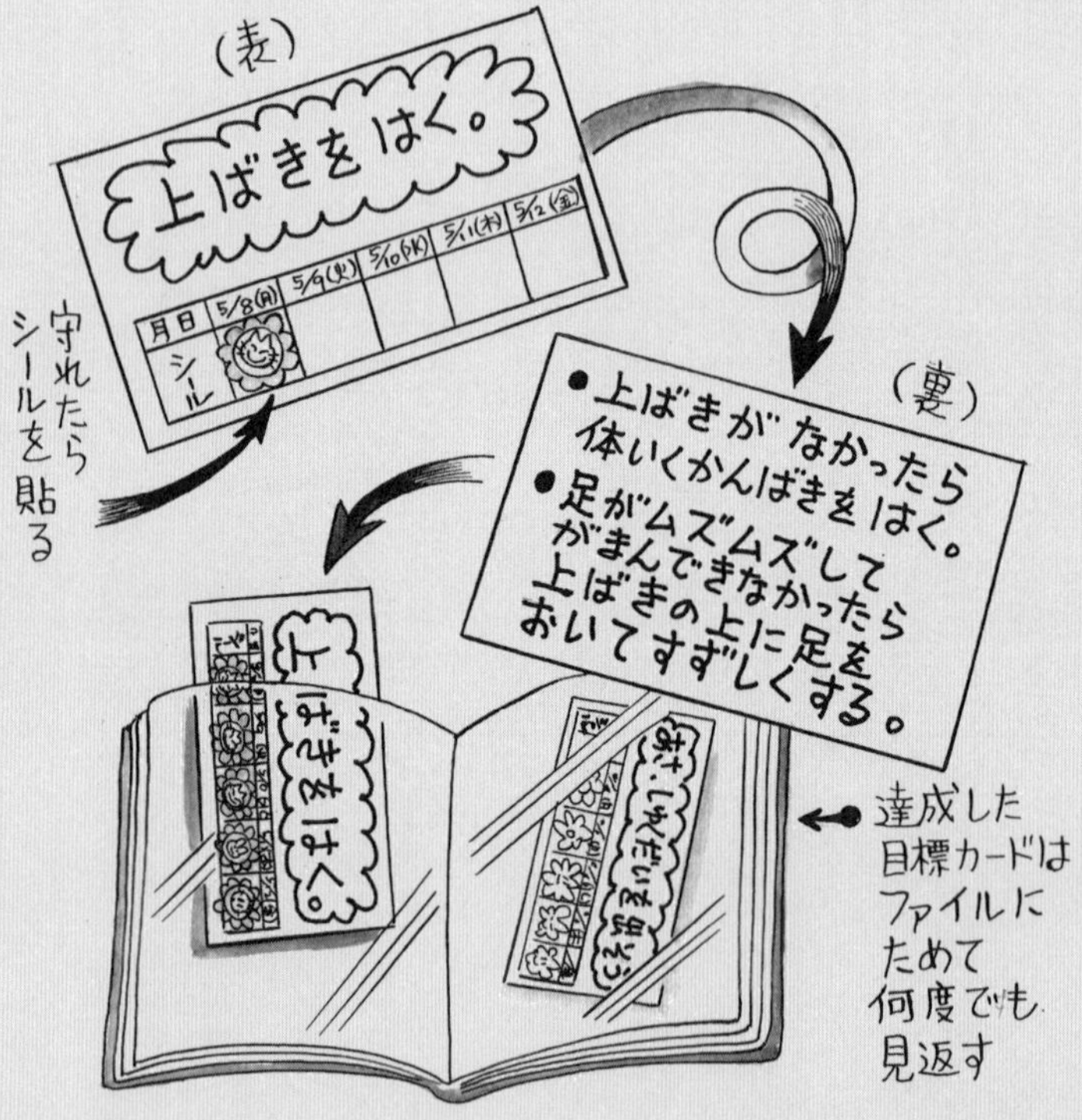

⑤完了したカードは百円ショップなどに売っているＣＤファイルに入れておくと、つらいことがあっても「ぼくってこんないいことできる子だったんだ」と何度でも繰り返し見ることができます。（具体的な手がかりがあった方が思い出しやすい。）

（篠崎記）

すぐ役立つおすすめコーナー❶

わたし（ぼく）の「目標カード」

自分で「ここをなおしたい」（これをやりたい、やれる）という目標を決め、どうやったら守れるか具体的な方法を相談します。

ここで大事なことは、子ども自身が目標を決めるということです。「子どもがやりたいもの」というのは、教師や保護者の思っていることと違うかもしれません。子どもが自分でできそうなことを見つけ、「私はやればできる」と気づいてくれることが一番大切なのです。そして「目に見える自己肯定感」をまず味わってほしいというものです。

①「目標カード」を作り、いつも使う筆箱のふた（内側）に貼り、自分で守れたと思ったらシールを貼ったり、○をつけていきます。

※「目標カード」の裏には、どうやったらうまくいくかの方法も、子どもと一緒に考えて書いておきます。

〔例〕「上ばきをはく」

・上ばきがなかったら体育館履きをはく。

・足がむずむずしてがまんできなかったら、上ばきの上に足を置いてすずしくする。（足の感覚が過敏な子の場合）

②取り組み期間は最初は一日、だんだん増やして一週間、一カ月にしていきます。

③見事守れたらごほうび。（ごほうびも進化します。最初はシールや賞状など目に見えるもの。次に握手や抱っこ、クラスみんなで楽しむゲームなど。最後には、どのような力がついたのかの言葉を教師や友達に言ってもらう。）

④守れなかったら、単に方法がよくなかっただけなので、次の方法を考えて再チャレンジ。もし達成できなくても、1つでも2つでもマルがついていたら「ほら、前はできなかったけど、がんばろうとしてたことがこのマルでわかるよ」と、少しの進歩でも見逃さず認めてあげるための「目標カード」です。

すぐ役立つおすすめコーナー❷

姿勢のアイウエオ

「いい姿勢をして」という指示では、何をどうしたらいいかわかりません。ラップ風にみんなで言いながら一つ一つのことをやると、何をすればよいのか、また、どこをどのようにすると、良い姿勢になるのかのイメージがつかめます。何回かやるうちに順番も覚えます。

※目からの情報の方がわかりやすいので、紙に書いて貼っておくととても親切です。

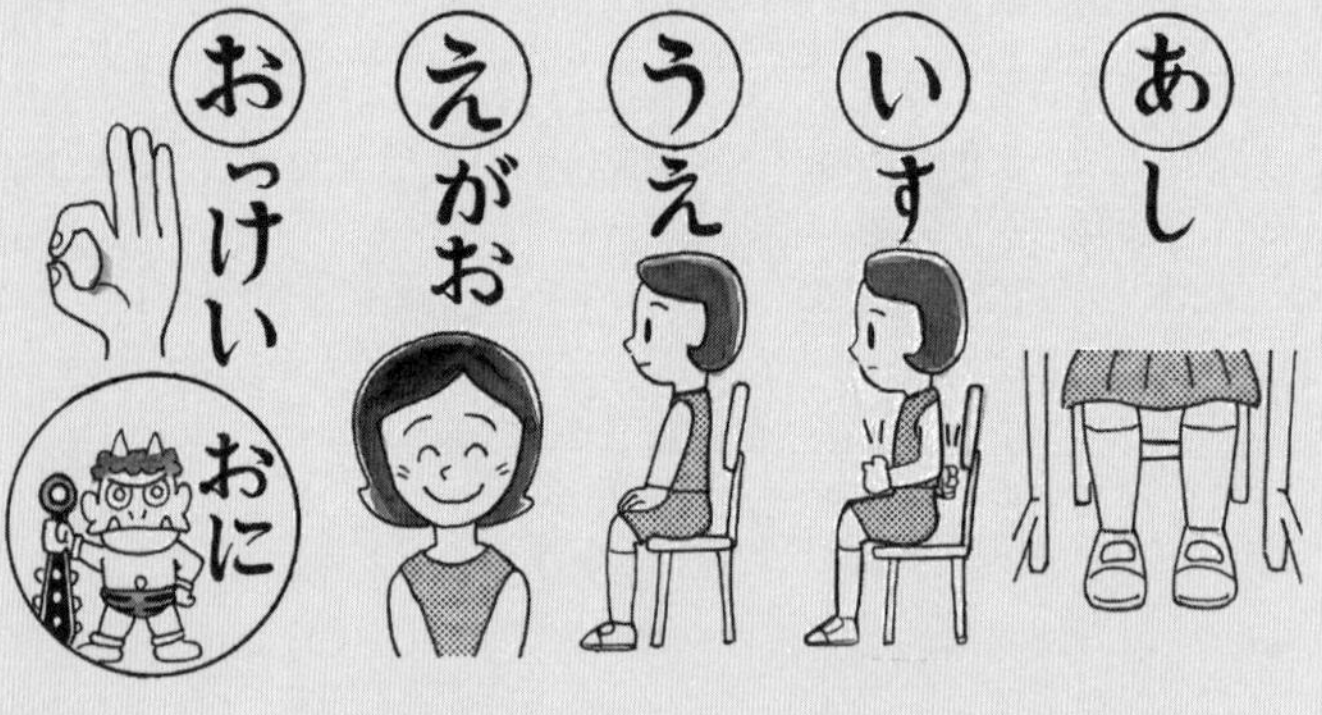

「あ」と言ったら「あし」→あしをまっすぐそろえる。

「い」と言ったら「いす」→いすをまっすぐにする。

「う」と言ったら手を「うえ」→手をひざのうえに置く。

「え」と言ったら「えがお」→笑顔で黙って先生の方を見る。

「お」と言ったら→先生がみんなの出来映えを評価する。

「できたらＯＫ」

「ダメだったらオニ」


（篠崎記）

「くそばばあ、死ね！」が耳から離れない

篠崎　朋子先生によると、新学期になって以降のマーくんの荒れ方が尋常でない。初日からもう荒れて荒れて、ランドセルは放り出す、何度ロッカーに入れてあげても、「おめえなんか、さわるんじゃねえ」と言って投げ出す。上履きも履かないでどこかに行ってしまう。急に怒り出して友達を叩いて歩く。せっかく書いたプリントは破くし、給食はひっくり返す。そういうことがずーっと毎日毎日続いているというんです。

　そんな毎日だから、朋子先生は次に何が起きるかドキドキして、ちょっとした音にもビクッとしてしまう緊張状態の連続。ホッとできるのは、彼が私の通級指導学級に来ている二時間と、サポートタイムという〝取り出し〟の時間の二時間だけで、もう精も根も尽き果ててしまったと言うんです。

彼女はもともとすごくがんばる人で、これまでも荒れている子どもがいたら、それには必ずわけがあると考える人だったし、指示も視覚的なものを多く使用し、黒板に書いたりカードに書いたりして、できるだけ理解しやすいようにと努力していました。学級づくりでも、子どもたちを巻き込んでとてもいい雰囲気の学級をつくっていたんです。

ですから保護者の方たちも、（わが子が）マーくんにものを壊されたり、ケガをさせられたり、靴をドブに捨てられたりしても、一緒に謝りに行くと、「先生、いいですよ」って言ってくれるようないい関係でした。

ところが、そんなふうに三学期までは何とか収まっていたものが、クラス替えはあったにせよ、何で四月に入って急にダメになったのか、ひょっとして自分のやり方が悪いんじゃないか、自分の力量の無さが彼を元に戻したんじゃないか、そういう強い自責の念からすっかり自信をなくしてしまったんです。

どんなに彼の心を開かせようとしても、返ってくる言葉は「くそばばあ、死ね！」「おめえの顔なんか見たくねえ」「何でオレの担任になったんだよー」。そのことばが今も頭の中でガンガン鳴っているというんです。

「くそばばあ」なんて言われても、これまでの彼女だったら「ジジイでなくてよかった」とはね返すような元気な人だったんですが、あまりに大変なことが毎日毎時間続くと、その元気を取り戻す余裕がない。常にピリピリ神経を張りつめていて、片時も気が抜けない。こんな辛いことは初めてで、今、深刻に療休を取ろうか、それを校長先生に言いに行こうか迷っていると言うんです。

「無理をしないで療休をとろう」と話し、休むまでの当面の方針として、三学期にはできた「目標カード」の取り組みをもう一度やり直してみようということを決めたら、「やっと安心した。それを少しやってみる」と落ち着かれたんです。発達障害の子を抱える担任の先生はみんなそんな状況ですよね。

村瀬　見通しが見えない時は辛いよね。子どもの荒れはＳＯＳとわかっていても、急な変化がわからないから、余計に辛い。朋子先生は篠崎さんに話を聞いてもらって、何とかやってみようとすることができたけど、一人で抱え込んで、ズタズタになっている担任も少なくないですからね。

教師はずぶぬれ、参観日のトラブル

村瀬　実は私も、今は担任外で、そういった大変な子どもたちのサポートをするコーディネーターの立場なんです。私の場合、一日の授業の持ち時間は二〜三時間。それ以外の空いている時間は個別に支援や指導が必要な子の教室に行くことが多いんです。実際、どういうふうかというと、例えば授業中、教室に入らず廊下に出てウロウロしている子がいると、トランシーバーで職員室に呼び出しがかかる。あるいは子どもから「来てください」と伝令がとんでくる。すると、手の空いている教員だとか、私とかがそこへ駆けつけます。

二年生の子が廊下に出てなかなか入らないのを対応している間に、同じ校舎の一番奥の方で男の子が外へ出て来て、周りを蹴ったり、空き教室に入って戸棚の中に潜り込んだりしている。それに二人の教師が対応しているんですが、そうこうしているうちに、隣の教室から女の子が出て来て、職員室の周りをウロウロする。対応してもなかなか人間関係が取れなかったりするので、最初のうちは安全を確保するのが精いっぱいです。やっと職員室に戻ったら、愛着障害の子が職員室に入って来ていて逃げ回っている。大人に追いかけてほしいんです。「おいで、おいで」と手招きしながら担任を呼ぶので、そこで忙しい担

任と交替するとか。この子の仕草には皆笑っちゃいましたが。

先日は、ちょうど参観日だったんです。給食が始まった頃、高機能の自閉症だと思うんですが（未診断）、些細なことでクラスでトラブルになって、突然「帰る」と言い出し、わめきながら下足室の方へ来た子がいる。

担任の先生には、次が参観の授業なので教室に戻るように伝え、後は職員が四人がかりで暴れるのを押さえつけて、何とか落ち着かせようとしたんです。ところが興奮状態で、しかも五年生だからかなり力が強い。転入してきてまだ間がないので、職員との人間関係もできてないし、聞き取りもできない。一人はお母さんに電話連絡に走りました。振り切って飛び出そうとするのを下足室で必死に押さえて、とにかくお母さんが来てくれるのを待ちました。

この日、外は大雨なんです。教師は傘もささずに、門のところでお母さんが来るのを待つ者だとか、押さえる者だとか、それぞれ役割分担し、何とかその場をしのいでいると、やっとお母さんが来てくれました。

ところが、お母さんも初めての参観で、「懇談会に出たい」と言う。クラスに戻すことはとても無理だったので、丁寧に説得して連れて帰ってもらったんですが、困ったことに参観日ですから、親たちがどんどん来る。子どもが暴れているその光景を怪訝な顔で見て行く。みんなに事情を説明するわけにもいかないし、第一それどころじゃなかった。対応した職員はみんなずぶぬれ。給食も食べないで対応して、やっと一段落してみんなで給食を食べている時に、また一人、別の子がウロウロする、そういったことが日常茶飯にあるという感じです。

担任を支える学校態勢をつくる

村瀬　そういった緊急の対応以外に、ふだんは私も必要なクラスに支援に入るんです。今は、四時間目の授業が終わったら、すぐ行くことにしているのが高機能ＰＤＤ（広汎性発達障害）の真琴のところです。というのは、給食準備中というのは特にトラブルが起きやすい。給食は運ぶのも危険だし、中にはひっくり返す子がいたりするので、担任の先生は給食当番にかかりきりになっている。

そうした騒然とした中で取り残されると、こだわりの強い子は、ちょっとしたことで落ち着かなくなったり、不安になって、そこにいられなくなってしまいます。

実際、私がその子のところに行くと、たいていは荒れる寸前だったりする。騒々しいのが嫌だとか、給食当番なんだけど、自分の分を他の子が先に運んだのが気に入らないと言ってキレちゃったとか。そこで、落ち着かせるためにどうするかというと、一緒に読み解きをします。「自分が運ぼうとしたのに、他の子が運んだ」と言うので、「先に運んだのは意地悪で運んだのか、それとも親切で運んだのかどっちだと思う？」と聞いてみる。すると、「（自分がやると）遅いから、親切かなあ」と言うから、「そうだよ。じゃあ、運んでくれた人に会ったらどうする？」「ありがとうって言ってみる」と。

篠崎　そうやって、その子の〝つもり〟を読み解き、キレる原因をことばにすることはパニックのわけを知るために大切なことですよね。

村瀬　そうなんです。そういう指導がないと、牛乳を持っている子に蹴りを入れたり、「私がしたいのにどうして勝手にするの？」と突っかかったりする。その子の特性がわかって上手に関わっていくことで、その子は素直に「もう大丈夫。先生、給食食べて来て」という穏やかな言葉が返ってきて、「じゃあね」とハイタッチして別れることができる。ハイタッチも教えました。特質に合った指導が必要ですね。

そんなふうに、最も担任の注意が届きにくい給食の準備中に支援に入ります。私以外にも担任を持っていない人は、この時間にいろいろな学年のコースに分かれて様子を見に行きます。そういう態勢をこれまでにうちの学校ではつくってきたんです。

篠崎　すごいですね。なかなかそこまでできない。教師の中では発達障害とか、問題を抱える子どもたちをどう見るかという点では二つに分かれているのではないでしょうか。いわゆるシツケ派、厳しくやればできるんだという人もいるし、もう一方には、原因があるんだから、それを除いてあげない限り、大きくなった時にもっと深刻な形で問題化するだろうという人たちがいるように思います。

そういう中で、子どもたちもわかっているのか、きびしくて、絶対怖いっていう先生に対してはあまり問題を起こさない。不思議なことに、それは、発達障害の子なんかも同じですね。「きびしさ」が一貫していてゆるがないのは、ある意味、やって良いことと悪いことがはっきりしていて、アスペルガーの子どもたちにはわかりやすいということがあるのかもしれませんが……。

怖い先生の前では
あまり問題を
起こさないが
やさしい
先生には
……
どうした
の？
また
むりやり押さえ
つけていると
次の年に
荒れたりしがち…

ところが逆に「どうしたの？　どうしたの？」と聞いてくれる優しい先生には「ばばあ、死ね！」で、殴る蹴るの乱暴を働く。優しくしてくれる先生の車を壊したり、かみついたり、つばを吐いたり。だからこっちはよけい傷つく。きびしい先生だと、目の前を通っただけでも、子どもって、ちゃんとやったりするんです。

村瀬　怖い先生だけでなく、何を考えているか表情の読めない教師の前でも静かだったりしますね。ただ、無理やり押さえつけていると、次の年には荒れたりしがちですね。それをきちんと職場で伝えていないと、あの先生の時はうまくいったのに、次の年の指導が悪いということになってしまう。

篠崎　それはものすごく言われます。その逆転劇は、押し込んでいるか出させるかの差だけなんだけど。特に押さえつけている場合、発達障害の子とか、何かの問題を抱えている子どもたちの場合はその分、学年が変わったり、あるいはこらえきれなくなると、突然出るというパターンがあります。そのきっかけは、私が感じる限りでは、抽象概念が入ってくる三、四年生の時期、言葉で聞いて理解することがむずかしくなったり、特に発達障害のある子なんかは教科書に書いてあることがぐちゃぐちゃに見えて読みとれないとか、いろんな壁にぶつかり始めます。

例えば、通級指導をしている子の中に、潔癖症の子がいました。彼は自分が誰かに、あるいは何かに触ってしまったら、もう即座に手を洗う。汚れると言って、床にも座れない。朝会なんかでも「座ってくださーい」と言われるんだけど座れないので、三〇分でもずーっと中腰なんなんです。

原因はいろいろあるんだけど、とにかく学習がいっぱいいっぱいで追いついていけないことが一つ大きなカベになっている。それで、授業がつまらなくなると、ノートやプリントをまるめて、発言してる子に投げたり、先生に向かっても投げるんです。教室は紙だらけ。この子の対応には当面「紙を投げないようにするにはどうするか」という課題と、「紙を投げる原因は何だろう」という二つの視点が必要だと思います。「勉強がわからない、わかるようになりたい」という思いを、「紙を投げる」という行為で表現しているととらえると、他にもいる「勉強がわからない子」の〝代表〟だということになります。

問題を抱える子は学級に一人や二人じゃない

村瀬　最近はマスコミが、事件を起こしたのはアスペルガーの子だとか、ＡＤ／ＨＤだとか、いわゆる発達障害の子の問題を取り上げたり、映像で映したりするので、保護者たちも関心が深いんです。参観日なんかに教室から飛び出したりする子がいると、「あの子、ＡＤ／ＨＤじゃない？」とか、「あの子、障害児じゃない？」とか。入学して一週間目くらいに、ある子が同じ組の子を階段から突き落とそうとするというトラブルがありました。それを見た親たちが何人か集まって校長室へ押しかけ、「支援学級に入れてほしい」「必ず誰か一人ついて、安全を守ってほしい」、そういった要望がすぐきますね。

篠崎　ケガだけはさせないでほしい、病院に行くようなことだけはしないでほしいって思っているんだけど、必ず突ついたり、噛んだり、蹴ったり、なんでかわからないけど、手が目にいくんですよね。相手の目が怖いんだと思うんです。そういう光景を見たら、やっぱり周りの親たちも心配だから黙っていない。

村瀬　参観日の時、親の了解も得て、私はＡＤ／ＨＤの子のサポートをしていたんです。

様子を見ていると、隣の子の頬に手のひらを当てて、ぐーっと向こうへ押すの。パンチじゃないんだけど、何度も何度も。さらに、隣の子の物を取ったりするんだけど、それが一瞬なの。側にいるんだけど、止めるのに間に合わない時がある。で、授業が終わった後、その隣席の子のお母さんが担任にこう言ったそうです。

「事情はわかるんですが、うちの子がずっとあの子の隣にいるというのは学習も落ち着いてできないし、ケガなんかさせられたら困るので、できるだけ早く座席替えをして、今度は離れた所で落ち着いて勉強させてください」って。

それは当然ですよね。ただ、問題を起こす子どもたちを前の方に集めようとしたら、二列くらいになる。多動な子や学習につまずいている子が今は学級にたくさんいますから。また、目が悪いから前にしてくださいとか、さらにもう一方には遅れて登校する子や、緘《かん》黙《もく》の子がいるので、座席の配慮が必要です。そうすると、こっちの子もあっちの子も見落としちゃいけないと思うから、担任はへとへとです。

篠崎　まだ二〇代とか三〇代の頃、元気いっぱいでがんがんやってた頃は、学級に一人か二人困難を抱えている子がいて、その子を軸にしながら、クラス全体を動かしていくっていう実践ができたんだけど、今は誰にスポットを当てたらいいのかわからない。

村瀬　一人じゃないからね。

篠崎　一人じゃない！　二、三人から、時には一〇人を越えることもある。だから学級づくりの構想が立てられないんです。大学の研究者が関東地区のある小学校で、半年間実態調査をしたら、担任が挙げた「気になる子ども」と、研究者が挙げた「気になる子ども」が併せて一一〇人。全校生徒が八〇〇人ほどの学校なんですが、うち発達障害だと思われる子どもは四〇人くらい。その中で診断を受けている子はすごく少ない。発達障害ではないかと思われる子どもたちが、一〇～二〇パーセントくらいの割合で通常学級にいるのではないかというデータもあるそうです。

村瀬　割合から言うと、それくらいだと思いますね。だから教師ももたないので、今は全国的に単年度でクラス替えというところが多いよね。ただ発達障害のある子がいる場合、また一からつくりあげるのは大変なので、クラス替えしてもその子を持ち上がるということはありますけど、普通は一年しか担任しないので、その親とか子どもとやっとわかりあえた頃にクラス替えなんです。

篠崎　そうなんですよ。でも、そうじゃないと、子ども同士も親も、私たちももたないですから。

第Ⅱ章

暴力をふるう子、夢まろとダン吉

暴れて給食台をひっくり返す夢まろ

篠崎　子どもの暴力で、なぜ私たち教師が傷つくかというと、私自身も裏切られた思いで傷つくことはもちろんあるのですが、暴力をふるった後、その子がとても悲しそうなんですよ。私自身、子どもから暴力を受けてきたし、周りの子どもたちもそうだし、暴力をふるういろんな子どもたちにも出会ってきたんですが、本当に悲しそうなんです。

夢まろという子がいます。彼は、人の話が理解しづらく、自分の気持ちをうまく伝えられない。医療機関で、まだ正確な診断は出ていない子です。入学から三年生の現在まで通常級に在籍しているのですが、度重なる失敗や挫折感から「どうせ、おらなんか」と言うのが口癖で、しょっちゅう教室を飛び出す。ベランダから植木鉢を落としたり、友達を突然、殴る。殴っても「あやまれねえ、そっちが悪いんだ」とまた飛び出す。担任の私に対しても「死ね、消えろ、あっち行け」の罵声で、蹴られたり、つばをかけられたりはしょっちゅうです。

その夢まろが、ある時「〇〇くん、遊ぼう」と言ってるんですね。ところが相手は「ムリ、今日は△△と約束したから」と言っている。そのやりとりをふっと耳にして、瞬間、

「あ、断られたんだから、これはきっと荒れるかも知れない」って思うんです。だけど今、授業はしてるし、次、じゃあ、給食の時間だなんていう時はバタバタして、ついうっかりそのことを忘れてしまう。案の定、給食当番を連れて教室に帰ってくると、二人は取っ組み合いのケンカをしている。

「ああ、やっぱり予感は当たったんだ」と思う自分がいて、でもその時にはとりあえずその子を鎮めなきゃあいけないから、彼の大好きな給食で釣ろうかなとか思って、「ハイ、ほら、夢まろくん、一番の大盛りィー！」とか言って、彼に大盛りを渡そうとするんだけど、彼は興奮してるから、「そんなものォー」とか言ってすごい勢いでひっくり返そうとする。「ああーッ」と言ってよろけながらも、何とか持ちこたえようとするんですが、悲しいことに、みごとに給食台を全部ひっくり返された時があったんです。それは本当に悲しかった。

食器は割れるし、大きなおかずはまだ一人分くらいしか配ってないのに、お味噌汁がわーっと床に流れてしまう。そういう時、人間って、怒るとかじゃなくて、一番に何をすべきかということがわからない、頭がパニクっちゃって。割れた食器を静かに集めて、もう精根も尽き果てたって感じで、「ああ、やっぱり今日もダメだった……」と。敗北感というか、どうしようもないむなしさに襲われる。で、黙って後始末をしてると、子どもたちが、

「先生、生き残りのパンがあった」とか、「先生、放送してもらおうよ」とか、子どもたちの方が次にどう手を打ったらいいかを考えて動き出している。それを聞くともなしに聞いているというか、それくらい教師は疲労困憊状態に追いやられていく。

それと、落ち込むのは、「○○くん、遊ぼう」って言ったのに「今日はムリ」って言われてる、これは絶対キレるに違いないと思ったのに、何でその時すぐに対応できなかったのかという、自分に対する無力感、後悔ですよね。

村瀬　わかるわかる。予測できても、目の前のことに追われていると、ついつい後回しになってしまうからね。予測できただけに、余計はげしく後悔することになるよね。

篠崎　夢まろが荒れるには必ず理由がある

んです。だから、彼がトラブルを起こして大暴れした時には落ち着くのを待って、子どもたちといっしょに「夢まろが暴れているワケさがし」をしました。「夢まろのつもりは何だったのだろう?」って。すると、「今日は遊び係がフルーツバスケットをすると言ったのに、勝手に別のゲームにした。ルールが間違ってる」というのが荒れた理由だということがわかったりする。突然の予定変更やルール変更は「予定ボード」(114頁参照)で知らせました。夢まろのようにこだわりのある子は納得できないことがあると、それを言葉で表現できないため、荒れることで訴えるんです。

三度目の給食ワゴンひっくり返し事件

篠崎　その夢まろが三年生になり、担任が若いさくら先生になりました。でも、そのさくら先生の教室でも相変わらずバトルが続いていたのですが、ある日、女の子が息を切らして、「先生！　さくら先生が来てって！　夢まろが暴れてる！」と、私を呼びに来ました。急いで駆けつけると、夢まろがものすごい形相で給食のワゴンをひっくり返そうとしている。

「止めるな！　みんなが悪いんだからやるんだ。止めるんじゃねえ！」

どうもその前の授業が版画で、思うような作品ができなかった夢まろが自分の作品をぐちゃぐちゃにした後で、友達の作品まで破ろうとしたため、それを奪われまいとする友達と殴り合いになり、その延長で給食のワゴン騒動に発展したようなんです。

夢まろのワゴン騒動はこれで三回目。夢まろは給食が大好きなんですが、その給食をひっくり返すことで「おらは、怒ってるんだぞー」と言いたいんです。で、私は夢まろを力ずくで止めようとしました。ところが手を噛む、つばを吐く、足を蹴飛ばす。それでも、私はずっと彼の手を押さえていました。手を放したら確実に給食台をひっくり返すから。押さえてて、目は見ない。目を合わせたら、キレたことがあったので、視線をはずす。

夢まろが「もういいから、なんで止めるんだよーッ」って叫ぶんで、「だって、これやったら、あんたが一番悲しいじゃん。先生、知ってる。二回目やった時に階段のところで泣いてたじゃん。あの時は、僕と遊んでほしいのに『遊んで!』っていうことが言えなくて、給食台をひっくり返した。給食台をひっくり返したいわけじゃないんだよね。だから、あとになって悲しくて泣いてた。先生はもうそんな悲しい夢まろを見るのは嫌だから、二度とあんなことはさせない!」って。

それでもやめないから、ずるずる引っぱられてね。でも、子どもたちはみんな、もうそういうことに慣れているから、給食台を廊下に出して配膳してるんです。さくら先生にも

「早く、早く食べて！」って目でサインを送って。
　でも、それでもおさまらない。もういよいよ限界だなって思った時に、ふっと彼の腕の力が緩んで、「もうやってられねえ」とか言って、飛び出して行ったんですけど、その時思ったのは「ことば」の力でしたね。彼が止めたのは、「悲しいあんたを知っているから」と言った、あのことばが彼の心になにかを伝えたんだろうな、それで彼は一回目、二回目の事件を思い出すことができて、止めたんだろうって思ったんです。でもその時は本当に大変で、後でわかったのですが、私は手を捻挫してたんです。それくらいすごい力！
村瀬　一種のパニック状態ね。だから教師は満身創痍。でも言葉が届いたんだね。
篠崎　いくつかの原因があるんだけど、彼には軽い吃音《きつおん》もあって、言ってることが今ひとつわかりにくいのと、「ぶっ殺す」とかいう言葉はあるんだけど、自分のおだやかな心情を表す言葉が少ない。だから、思いを十分伝えることができないのと、状況把握が正確にできない。自分で箒を振り回して、コツンとぶつかったとする。それを、絶対誰かがやったって言うんです。だって、他に誰もいないし、「あんたが振り回したから、ここに箒がぶつかっただけなんだよ」と言っても納得しない。
村瀬　高機能と思われる子は、部分にこだわるというか、全体の流れだとか状況を把握できない。部分だけにこだわって自分流の解釈をしてしまう傾向があるんですよね。

夢まろの変身「僕はさくら先生のナイトになる」

篠崎　そういった状況把握の違いと、自分が目いっぱい我慢しているのに、それでも他人に理解されないということがあるんです。夢まろは、この年、私が担当する通級指導学級に来ていました。ところがあの事件の後、廊下で出会うと、「おめえなんか！　もう、絶対行ってやらねえ」とか、「通級なんか悪魔の住みかだ」とか、果ては職員室の前で、「校長先生、シノザキには〝C〟をつけてください」とか言っている（笑）。通知票もそうですが、教員評価も悪いのが〝C〟なんです。だから、夢まろはもう通級指導学級には来ないだろうなと思ってたんです。

ところが意外にも、次の指導日に「今日は三一分目の日だから、僕は来た」とか言って入ってきたんです。通級指導学級に来る時には決まりがあって、連絡帳がパスポートで、それで担任の先生の許可をもらい、教室に来たらドリルをやるというものです。私はその時、他の子どもを指導しているので、彼は、来たらノックして連絡帳をドアの所に置いて、プレールームで自習をしていることになっている。一回来たら一分、二回目は二分、三回目は三分……それをずーっと増やしていって、もう三〇分は自習ができるようになっていて、確かにその日は「三一分目の日」でした。

ドリルを落ち着いてやっている彼に、私はそっと、「何であの時、給食台をひっくり返さなかったの？」って聞いてみたんです。もしかしたら、「先生がね、止めてくれたから」という返事が返ってくるかなと、ちょっと期待しながら。でも、全然そうじゃなかった。

「大地がね、生き残ったパンを人数数えて分けてたから、僕も並ばないと、もらえないとわかったから」だって！（笑）「あ、そういうもん」って一瞬思ったんですが、でも気を取り直して、

「でも、止められたのは偉かったねえ。だから悪い子じゃないんだよ。できない子でもないからね。ただ先生がまだキミに合った教え方を見つけられないでいるの。だからそれが見つけられるまでここに来てね」

って言いました。夢まろに言ったというより、自分自身に言ってたのかな。何かほんわかしたいい感じだったので、ちょっと踏み込んでこんな話をしてみました。

「実は先生、相談があるんだけど……さくら先生、この頃、悲しい顔してるんだよね」

そしたら「僕も気づいてた」って言うんです。そしてこう続けたの。

「クラスにね、悪い子がいるらしいんだ。名前は言えないけど三人はいる」

「へえ、そうなんだー」

「友達だから、先生が言えって言っても僕は言わないよ」

「先生も名前は聞かない。でもどうしたらいいんだろうね」

夢まろはさくら先生が大好きなんです。でもそのさくら先生が悲しい顔をしているのは、悪い子が三人いて、給食台をひっくり返したり、教室にカギをかけて誰も入れないようにしたり、キーボードをメチャメチャにして使えないようにしたりする子がいるからだって言うんです（実は全部、夢まろがやっていることです）。

「そう……どうしようか？」

そう言ったら、

「わかった！　おれは、ナイトになる！」

「エッ、ナイトになるの？」

「うん、さくら先生のナイトになる。だってさくら先生が悪い子たちにいじめられたら困るでしょ」

「へえ、それでナイトはどんな仕事をするの？」

と聞いたら、教室にカギをかけたり、キーボードを壊したり、さくら先生のことをいじめたりする子がいたら守らなければならないからいつも教室にいなければならない。さくら先生の側を離れないって。

それから、うそみたいな話なんですが、パタッと通級指導学級に来なくなったんです。あんなに教室を飛び出して、週四日も通級指導学級に来ていたのに。それで、夢まろに「ナイトは?」と聞くと、「ナイト[注]はいないと困るとナイト」、オヤジギャグのフレーズが返ってきて、本当に教室にいるようになったんです。

〔注〕＝その頃『かいけつゾロリのおやじギャグかるた』（原ゆたか著／ポプラ社）を学習の後、やっていました。その一枚を夢まろなりに変えたもの。

夢まろの「しあわせのブルーバード」

篠崎　でも、夢まろがいつもいつもさくら先生の側にいて、トイレの前でもさくら先生を待っているので、さくら先生もちょっと困ってしまいました。彼の発達を助けるには、友達の中に居場所が見つけられなければならない。どうしようかな、と思っていた時、夢まろが以前、紙ヒコーキに関心を寄せていたことを思い出したんです。そこで、夢まろの紙ヒコーキ教室開催をめざして、さっそくレクチャーを開始しました。

村瀬　発達障害と言われる子どもの中には手先が不器用な子も多いけど、夢まろは大丈夫なの?

夢まろが作ったクリップ紙飛行機

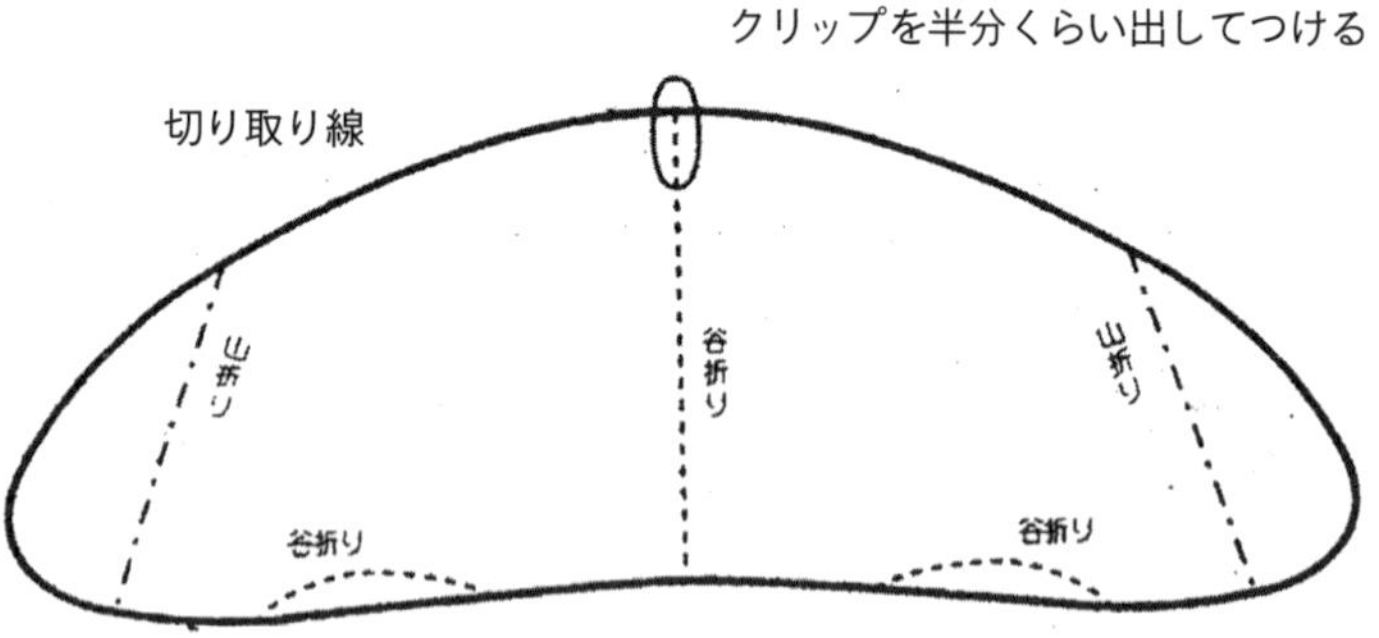

〈考案〉近沢秀光
※左右135ミリの実物大にして
使ってください。

折り方はすべて120度〜180度くらいの角度で折ってください。

〔例〕山折りのとき

篠崎　夢まろも手先を動かすのは得意ではないんです。でもその時、サークルの実践講座で、長野の清水先生に教えていただいた少しぐらいギザギザに切っても大丈夫な紙ヒコーキのことを思い出したんです。私が紙ヒコーキを飛ばすのを見て、夢まろはこう言いました。

「おらはやる。しあわせのブルーバードを飛ばしてみんなに見せてやりたいから」って。

ヒコーキ自体はごく簡単なクリップヒコーキなので、少しくらい切り損なっても飛ばすことはできるのですが、彼は力のコントロールが苦手で、力を抜くということができないんです。「深呼吸をして吐く時、飛ばしてごらん」とアドバイスして何度も練習を重ね、やっと何とかできるようになりました。

みんなに説明するための材料や作り方、注意事項は夢まろに書いてもらうことにしました。彼が力ずくで書いても破れないように、カレンダーの裏にマジックで書くことにしたのですが、文字を書くことが苦手な夢まろには、かなりの集中力と忍耐が必要です。「おらの好きな人の分だけ飛行機作る」と、ちょっとギザギザの飛行機を見本用に作りました。

そんな準備をしていよいよ当日。リハーサル通り、作る順番を夢まろが読み上げて、作業開始。「夢まろ、教えて、教えてー」。できない友達がいると、「そうなんだよ。ここはとってもむずかしいんだよ」とか言って、夢まろは立派に先生役を演じ切っている。そして、最後、みんなで出来上がった紙ヒコーキを大空高く飛ばしたんです。

終わったあと、夢まろが階段のところで下を向いてがっくりと肩を落としているので、どうしたのかなと思って聞いてみたら、

「うーん、夢と違ったー」と言う。「ええーっ、夢と違ったなんて、どういうことだろう」と思ったら、こんな作文を書いたんです。

ゆめの中とはちがかった。げん日（実）の世界では、みんながはくしゅをしてくれたり、話を聞いてくれた。「すごい」って、いってくれた。

ぼくは、しあわせで、風の国に行った気分で空をとんだこと、目にうかんだ。

ぼくはとってもうれしかったです。

みんなのひこうきがとんだとき、まるで、たかやわし、はくちょうやサギ、いろいろなほんものの鳥に見えた。ゆっくりゆうゆうと飛んでいる、ほんものの鳥だ。

ぼくはとっっってもうれしかった。

実は、夢まろは前の晩、夢を見たんですって。その夢は、いくら自分が話しても誰も聞いてくれない。紙ヒコーキはぐちゃぐちゃにされて窓から放たれてしまった。そんな怖い夢を見たんで、当日ドキドキして教室のドアをあけてみんなの前に立ったんだそうです。

ところが現実は夢と全然違って、みんなが「夢まろ、いいこと知ってんねえ」とか言って

話しかけてくれて、聞いてくれて、すごく喜んでくれた。それで、「ぼくは、しあわせで、風の国に行った気分で空をとんだこと、目にうかんだ……」と書いたんだそうです。

その後、夢まろは、クラスで紙ヒコーキクラブを立ち上げてもらって、そこで友達をつくっていくんです。

村瀬　いい話ですね。最後に彼は、自分の気持ちを立派に言葉にできたんですね。力を抜かせるコツや、紙ヒコーキの作り方をクラスの子どもたちに教えさせるという発想は、篠崎さんが夢まろの特性をよくつかんでいたからこそできたことです。夢まろが、大空を悠々と飛んでいくブルーバードを誇らしげに見つめている姿が目に浮かぶようです。

ダン吉が暴力をふるうわけ

村瀬　夢まろは突然パニックを起こす、でもそれには必ず理由があると篠崎さんが言ってましたけど、本当にそうですね。ただその理由探しがとっても難しい。私が受け持った子に、ダン吉という子がいました。とても発達のゆっくりした子でした。彼は、学力面でも遅れがあって言葉が非常に幼い。というか、うまく言葉が出ないんです。しかも身体がでかいの。学年で一番大きくて、太っていて、ドラえもんのジャイアンみたいな体格をしてるから、同学年に小柄な子なんかがいると、ちょんと突いただけで相手が吹っ飛んじゃう。

その彼が蹴ったり殴ったり、近くにいる子をバンバン叩いてしまうんですが、なんで殴ったのかわからない。聞いても「ううーっ」と言うだけで、わけを言わない。ちょっと落ち着いてから聞こうと思っても、説明できないんです。「何か、わけがあるんやろ」と言っても、「わけなんかない！」と逆に怒ったりする。ある時も、私が教室にいたら、

「先生！　やっくんが、やっくんが……息できへん」

「死んでしまう」

「ダン吉が蹴ったんや」

廊下から子どもたちの悲鳴が飛びこんできたので、すぐに飛び出すと、手洗い場の前で、隣のクラスのやっくんがお腹を押さえて倒れている。

「やっくん、大丈夫か？　ゆ～っくり息吸ってごらん」

もう、その時は抱きかかえるのが精いっぱいで、やっくんの背中をさすったんですが、瞬間「ヒュ～」と息が入って、やっと「うわ～ん」と泣き出せたんでホッとしました。そばでダン吉が呆然と立ち尽くしていたんで、思わず「何てことするのっ！　息できへんやないの！」と声を荒げてしまったんですが、ダン吉は壁をガンとひと蹴りして、「どうせ、

おれが悪いんやろ！」と言い残して走り去ってしまったんです。

この時も、なぜそんなことをしたのかという事実関係の聞き取りはとても困難でした。しかし、側にいた子どもたちに聞いて、よくよく調べていくと、いつも殴られる子は通りがかりの子なんです。この時も、何でかなあと思ってたら、彼には転入してきて初めてできた良太くんという友だちがいる。その良太くんに通りすがりのやっくんの身体が当たった。それを見て、自分の大切な友だちがやられたと思って、正義感のつもりで「おれの友だちに何するんや」と足が出たということがわかったんです。やっくんは息ができないくらい胸を蹴られたんですが、蹴られた方はいつも突然だから、なんで自分に向かってくるんだということになる。それでやっとナゾが解けた。これまでのトラブルもほとんどがそういうことだったんです。

でも、それを本人からなかなか聞き出せないの。周りの状況とかから推測して、現場検証して、そこに本人を立たせてみたり、周りに絶えず友だちをつけておいて様子を見てもらうとか。そして、聞き出す時には指を出して、三つくらい選択肢を用意する。例えば、
①先に暴力をふるわれた。
②友だちを守ろうと思った。
③ただムシャクシャしていただけ。

言葉の代わりにこちらが理由らしきものを示すんです。そのどれかが当たっていると、彼は自分の気持ちに合った指を握り返して、そうだという意思表示をする。「そうか、何か腹が立ったことがあったんだね」ということで、長い時間かけて聞き出していくと、やっと、オレ様に向かって相手が暴力を仕掛けて（当たって）きた。それで腹が立ってバーンとやったということがわかってくる。

しかも足が出ると、彼はでかいから、ダンプカーと自転車がぶつかったぐらい、相手がダメージを受ける。そうすると、親が黙っていない。お母さんは謝ってばかりということが続いていたんです。

篠崎　その選択肢を用意するというのは、とても有効な方法ですね。私も困った時はいつもそうしてます。何もやらないで固まっている子にも、「では、今から言う三つの中から選んでね」と言ったり、謝り方もいくつか例を挙げて選んでもらうんです。それで、そのダン吉くんはどうなったんですか？

クラスの合い言葉は「必ずわけがある」

村瀬　ダン吉の暴力のわけがわかってきたので、子どもたちには「理由もなしに、彼は手を出さないよ」ということを伝えてガードしていったんですが、しかし、じゃれ合っていても、突然やられてしまうこともあるので、なかなか一筋縄ではいかない。そこで私はクラスの子どもたちの中にサポーターをつくっていったんです。

一人はさっきも出てきた、最初にダン吉の友達になってくれた良太くん。良太は気のいい子で、帰り道もいっしょだし、お互い虫が好きで話題が広がりそうでした。良太のお母さんも「誰でもいいところがある」と考える人だったので、ダン吉のお母さんの相談相手にもなってくれそうだと思ったんです。

さらに周りの子どもたちにも、彼が突然、手を出したりしないように、「何かあったら必ず聞いてやり」「聞ける子は聞いてやるんだよ」と伝えていきました。そうしたら、「もうそこでやめとけ」と言って止める子が出たり、「なんか腹立つことあったんか？　わけがあるやろ？　今言えるか？　後にするか？」って、上手に聞いてくれる子が出てきました。初めはロールプレイでやってみて、練習をしましたね。

以前の彼だったら、自分の中に「どうせ、おれは悪もんやろ」というのがあるので、怒られたらその場に居づらくなってバーッと逃げて行く。その後ろ姿は、篠崎さんが言ったとおり本当に悲しいんです。「ああ、またやってしまった……」というのが後ろ姿に書いてあるの。

篠崎　悲しいよね。

村瀬　背中が悲しいの。でもそんな時、必ず良太くんがついて行ってくれました。体も心も伴走してくれる友だちになったんです。それで、クラスの班長たちにも、いっしょに事件の分析に加わってもらったりしてサポーターが増えていくんですが、その頃、クラスの合い言葉は「必ずわけがある」（笑）。班長会が大きなポスターにしてくれました。

篠崎　本当にそう。発達障害の子どもだけでなく、非行や不登校、暴力をふるう子など、課題を抱える子どもたちはみんなそれぞれ「わけ」を抱えていますね。その苦しさをいろいろな形で、私たちに提起している。トラブルって、そのわけに気づいてほしいという「ヘルプ」かもしれないって思います。

いつでもおれが悪もんやった怒られるだけやった
無理やり謝らせられた父さんにも殴られてた
でも今はちゃうねんみんなわけを聞いてくれるはじめからおれが悪いって言われへん
……あ〜ぁすぐけったりたたいたりしてしまうんは何でやろ
おれの手や足が言うこときいてくれたらいいのになぁ
暴力がやめられたらいいのになぁ…

　それに、子どもたちも教師をよく見ていて、そのヘルプに気づいてくれそうな人を見つけて、ぶつかってくるのかもしれません。その点、村瀬さんは安心してぶつかっていける存在なんですよ。「あんたが悪いんじゃない」と言い切ってくれそうだし、「わけ」を一緒にさがしてくれて、自分に合った行動の仕方や、どんな方法だったら生きやすいか考えてくれると、子どもは感じていると思う。

村瀬　クラスに伴走してくれる子が何人かできて、中でも気のいい良太は気持ちをわかってくれるだけでなく、ダン吉に要求したり、批判できる関係になっていきました。

　ある時、ダン吉を放課後残して、一対一で勉強を見てあげた後、一緒に家まで送って行ったんですが、ダン吉がぽつりぽつりとこんなことを言ったんです。

「いつでもおれが悪もんやった。怒られるだけやった。無理やり謝らせられた。父さんにも殴られてた。でも、今はちゃうねん（ちがう）。みんなわけを聞いてくれる。はじめからおれが悪いって言われへん。……あ～あ、すぐ蹴ったり、叩いたりしてしまうんは、何でやろ。おれの手や足が言うことをきいてくれたらいいのになあ。暴力がやめられたらいいのになあ……」って、悲しそうにしょぼーんとして言う。私はそれを聞いて、言葉が出なくて……。ダン吉のつらさが伝わってきました。

篠崎　私が担任した子に暴力をふるう子がいて、その彼がある時、「おれがおれを止めたくても止められない」と言ったことがありましたが、同じですね。

村瀬　その後、二人で肩を組んで家まで帰ったんですが、私もダン吉と体型が似てるから、後ろ姿は二人ともまあるいの（笑）。翌日、お母さんが「団子みたいなのが二人帰って来た」って言って笑ってましたけど（笑）。

でも、それでも簡単に直らない。腹が立つと、パッと手が出てしまう。お母さんと話していたら、「父親もそういうところがあるので、やっぱり、それを親から学んでいるかもしれない。私もできるだけ聞いてやるようにします」って。それからは、何かあったらお母さんから電話がかかってくるんです。

「先生、今日、ダン吉がやったのはわざとじゃないんです。運動場のスロープの下に、たまたまやっくんが座ってて、自分はそこをよけて斜めに降りようとしたら滑ってしまって、どんと当たっただけなんです。そのことが家に帰って、すぐに言えました」って。これまでだったら、何かやった時はブスッとして帰って来たのが、言葉で言おうとするようになったということを、お母さんがうれしそうに報告してくれるんです。

「先生、やったことは悪いけど、成長ですよね。だから、うちの子は悪くない」

「お母さん、わかってますよ」

「ピーポー隊」で活躍するダン吉

篠崎　お母さんがダン吉の変化をそんなふうにとらえられるなんて素晴らしいですね。

村瀬　そうなんです。そんなふうにダン吉の暴力は徐々に減ったものの、トラブルはまだ時々起きて、つい手足が出てしまう。そこで私は、もう一つ手を打ちました。クラスには他にもやんちゃな子だとか、飛び出す子がいる。その中でダン吉は、正義感が強いということがわかってきたので、その力を仲間を守る立場で使えるんじゃないかと思って、「お助けピーポー隊」というトラブルを解決する係りをつくったんです。

例えば、かっちゃんという愛着障害の子がいるのですが、真吾という子をしつこく追いかけ、給食準備の邪魔をしたりする。そこでダン吉を「見回り隊」にして見張っていてもらうことにしたんです。準備をじっと座って待っているより、「見回り隊」は仕事だから本人は断然気分がいい。

篠崎　その子の特技を使うのよね。

村瀬　そう、特技を使う。例えば、水場の所で見張り番をしていて、「おい、ちゃんと手を拭けよ」とか、「洗い方が悪い」とか注意する。あと、給食中、かっちゃんがまとわりつくので真吾が食べられない。真吾にゆっくり食べさせるために、かっちゃんを引き離す役をやる。ダン吉は力が強いからズルズルと引っ張るんです。しかし、やられる方のかっちゃんはそれがうれしくて、またやる。するとダン吉が、「オレが引っぱって、もしかっちゃんがおれに暴力をふるったら、おれも叩いてしまいそうや。どうしよう」って言うんですね。その時におもしろい会話があったんです。班の子がダン吉にこう言ったんです。「ダン吉やれよ。かっちゃん相手なら、教室の中だけの『お助けピーポー隊』にしたらいいやん。そしたら、もし暴力をふるったとしてもみんなで止められる。暴力なしでできるって！」って。

それを聞いて、ダン吉が、「じゃあ、やってみる。みんな助けてなあ」と言ったんで、お笑い系の男の子が、「お助けマンを助けるって、ヘンだけど」と言ったんで、みんなドッと笑ったんですよ。

篠崎　ダン吉はかっちゃんの中に「暴力を止められない自分」を見つけた。「助けてなあ」と言ったのは、暴力をふるってしまう自分を止めてくれる仲間をみつけたんだね。

村瀬　これが集団のおもしろいところ！　その後、教室でかっちゃんが何かし始めると、「ピーポー隊、助けて～」と声が上がる。すると、「おれにおまかせ～！」とダン吉がうれしそうに立ちあがる。しかしダン吉の行動は教室限定だから、かっちゃんに殴られても「う～っ」とうなりながら我慢してるんです。班の子が終わりの会で暴力をがまんしたことを報告するので、ダン吉はみんなの拍手を浴びる。そんな遊びを通してダン吉の暴力はぐーっと減っていきました。
結局、ダン吉の場合はアスペルガーとか自閉症ではなくて、自分の思いをうまく言葉にできなかったり、手が出ることに我慢ができなかったり、そういったことが生育歴の中で培われてこなかった結果だと思うんです。しかし、みんなの働きかけの中で居場所を見つけたり、自己コントロールの力もつけて、自信がもてたんですね。彼は、二年生の三学期には全然暴力もふるわなくなったし、「ピーポー隊」で、ずーっと最後まで活躍してくれました。

篠崎　楽しいね。子どもたちって、「何で」というわけがわかり、その子の思いを理解すると、自分たちも楽しみながらぐんぐん行動できるんだ。すごいですよね。

村瀬　かっちゃんが真吾のところに寄って行くのも、真吾が好きだからなんです。寄って来られる方は迷惑なんだけど、顔は笑ってる。「困る、困る。おれはオトコには興味ねえ」なんて言いながら。子どもたちは、給食の時にみんなで真吾を取り囲んで、お花みたいな形になって、彼を先に食べさせるのね。そうすると、かっちゃんがその下をくぐって行くのよ。みんな、笑ってそれを見てる。子どもたちは、共に楽しく生きていけるクラスをつくりだしてきたんです。

ダン吉のお母さんを支えた良太のお母さん

篠崎　お母さんが子どもの思いをわかってくれたというのも大きいですね。

村瀬　そうそう、ダン吉が初めて友だちになった良太のお母さんがすごくいい人で、ずっとダン吉のお母さんの相談相手になってくれたんです。

これは二年生の後半ですが、ダン吉が、四月に転入予定の子の弟に殴る蹴るの暴力を働いたという事件がありました。「今度会ったら、ただじゃすまさんって向こうの親が怒ってる」という噂を、あるお母さんがケータイでキャッチしたと言って、私に知らせてくれたんです。もちろん、ダン吉のお母さんは知らない。でも、聞いた以上、伝えないわけにはいかない。お母さんを呼んで、「噂だけかも知れないけど、こういう事件があったらしい。四月から行く学校に怖い子がいると思って来られるよりは、今ちゃんと解決しておいた方がいいから」と言って、学校が違うその子の担任に許可をもらって、私からその子のお宅に電話をしたんです。

「すみません、暴力があったらしいんですけど」と言ったら、「先生、そんなことないです。うちの子が悪いんです。間違えて人のリュックを開けてね、怒るの当たり前です」って。「いや、殴ったり蹴ったりしたって聞いたんですけど」って言ったら、「いや、うちの子も悪いから、そんなん子どものことやから」って、向こうの親は全然怒ってない。

篠崎 どうして、そうなふうに言ってくれたの？

村瀬 不思議でしょう。事情を聞いてみたら、その日、公園で遊んでいたら、ダン吉とその子のリュックが同じ物で、その子の弟が間違えてダン吉のリュックを開けてお茶を飲もうとした。「俺のリュックに何すんねん」と言ったけど聞かないので、リュックをバーンと蹴った。さらにその弟が自転車にイタズラをしていたこともわかって、一回蹴ってしまったということらしいんです。その一回蹴ったのが「殴る蹴る」の噂になったわけ。今回は、お互い様ということだったんですね。だから、怒ってなかったんです。そのことをいっしょにいた良太のお母さんにも話したら、すでに知っていて、

「先生、そんなに騒がなくていいと思います。私はもうこのままの状態でおいときます。子どもは失敗もいっぱいするけど、ほんとはやさしいところがあったり、みんないいところがあるんです。それは子ども同士がつき合ったらわかってくるの。親がそんなんで一喜一憂してたら、子どもは育たないでしょ。先生も大変ですね」って。

本当にドーンと構えている。

篠崎 すごいね。お母さんからいっぱい学ぶ！ それにそんなことばをもらうと教師も

心強いよね。

村瀬　そうなんです。そのお母さんが、ダン吉の良いところを私にいっぱい伝えてくれたの。「ダン吉くんっておもしろい子ね」とか、「虫のこと、くわしいよ」って。このお母さんは、絶対人の悪口を言わない人で、ケガをしても元気な証拠、失敗しても笑っているような人だから、ダン吉のお母さんもものすごく救われたんです。悪いことをした時なんかも、「お母さん、何でそこばっかり目を向けるの」って、良太のお母さんが言ってくれるの。そういう人たちに支えられてお母さんも変わり、ダン吉は良くなっていったんです。

傷ついた子に寄り添う「癒し隊」

篠崎　いい話ですね。その、ダン吉くんの話の中で「特技を使う」というのがありましたが、私も同じように「並ばせ隊」とか「ケンカ止め隊」（86～91頁参照）というのをつくっているんです。でもそれとは別に、ある時、ひょんなことで「癒し隊」というのができたんですね。

きっかけは、クラスにノブちゃんという子がいて、重い病気を抱えている子なんです。でも病名を告げると、同じ病名の子たちがどうなっていったかを知っているので、お母さ

んは告知してない。そのノブちゃんは学級内クラブの中で、ベランダでミニトマトとかメロン、トウモロコシなんかを育てる「野菜クラブ」なんです。そのクラブにはとしおくんがいて、ある日、ベランダのところで二人で話しているのね。

「ねえねえ、さっきね、げんちゃんに蹴られたけど、止めてあげられなくてごめんね」って、ノブちゃんがとしおくんに言ってる。それを、私はマル付けをしながら聞いていたの。そしたらとしおくんが、

「でも、後からでも『ごめんね』とか、『大丈夫だった？』って言われると、なんかいいよね」

「へえ、あとからでもいいの？」

「うん、僕、あとからでも、そんなふうに言

われると、なんかひとりぼっちじゃない感じがしてグー！　グー！」
そしたら、何と、その後なんだけど、バーンとドアが開いて、二人が教室に入って来ると、私に向かってこう言ってくれたんです。
「先生もさっきげんちゃんに蹴られてたけど、止めてあげられなくてごめんね」って。もうビックリというか、感激ィー！　本当に、心が溶けた。体からつっぱり棒みたいな固いものがすっと抜けていく感じ。「あー、ひとりぼっちじゃなかったんだ、このクラス」って、教師の私が思ったの。

村瀬　ケアされたんだね。

篠崎　された、された！「えー、それっていいことだね。これからも三人でやろう！」って指切りしたの。その時のクラスは三八人だったんだけど、八人くらいが暴れてて、止める子が二人いて、「ひとっ走り隊」が四人いて、あと二〇数人は黙って見てる、というか、耐えてた。で、最初は三人が秘密結社でやるつもりだったんだけど、ノブちゃんなんかは「ごめんね、大丈夫?」なんてやられた子に声をかけると、「何でそんなふうに言うの?」って逆に聞かれたりして、秘密の約束がアッという間にみんなに広がって、二四人くらいが「癒し隊」になったの。これまでみんなずーっと我慢していて、でもいつか、みんなでこういうケンカを止められたらいいねって言ってたんだけど、でも、怖いから言えなかった。

そういう子どもたちがたった一週間の間に結集しちゃった。「癒し隊」はやられた子に「大丈夫?」って言ってあげたり、キティちゃんのかわいいバンドエイドを貼ってくれる「バンドエイド隊」なんかもできたんです。

村瀬　私も、そういう発想ですね。子どもたちの中にはケンカが起きた時、相手の手足を押さえたりする子とか、先生を呼びに行く子とか、やられた子をこっそり癒す子とかができてくる(というか、私はつくり出していくんですが)。「いっつもやられて辛いよな」なんて声をかける子とか、心配そうにそっと側にいる子とか、あるいは折り紙に誘うとか、そういう寄り添ってくれることがすごく大事なんですね。

篠崎　それは教師も同じなんですよ。給食を取られて食べ物がないなんて時に、「せんせい」とか言って、マッチ売りの少女みたいに隠れてパンをくれたり……。ひとりではないと思えると、また元気が出てきたりしてね。癒し隊の子どもたちは一〇月に「けんかはやめてほしい。授業中は静かにしてほしい」という学級スローガンを班長会に発議していくんだけれど、「黙って耐えていた子どもたち」が思いを共有する中で立ち上がっていくという展開になっていきましたね。

村瀬　弱い立場のやられっぱなしの子どもたちの願いが結集した時、とても大きな力になるんですね。そこまで育っていく過程で、篠崎さんは子どもたちをよく分析し、しっかり寄り添っているからだと思います。実践的によくやってしまうのは、トラブルが起こったり、暴力があった時に、「抑える指導」をするんだけど、それでは子どもが育たない。トラブルが起こった時に子どもたちがどんな様子で関わっているか、よく分析することが大切ですね。じっとがまんしている子どもたちの中に、「止めることはできないけど、何とかしたいんだ」という思いがあるのをしっかり読み解いているところが篠崎さんの目の確かさですね。小さなつぶやきを、大きな力に変えていく指導から学べますね。

院内学級から来たノブちゃんの健気な言葉

篠崎　「癒し隊」の場合は自然発生的でしたね。でも、そのノブちゃんがこんなことを言ったっていうんです。お母さんから聞いたんですが、彼は治療のために麻酔をして検査しなければならない。その治療はものすごく苦しい。ゆるやかにやる方法もあるんだけど、そのためには一日入院しなければならない。どっちにするかって言われて、ノブちゃんは「苦しい方をやる」って言ったんだそうです。「つらい方を我慢すれば、明日学校に行けるから」って。

学級はさっき話したように荒れてるんですよ。給食だって、ノブちゃんは弱いから取ら

治療はものすごく苦しい
ゆるやかにやる方法もあるけど一日入院しなければならない
どっちにする？
苦しい方をやる！
つらいのを我慢すれば明日学校に行けるから
学校ってケンカがあったり給食取られちゃったりいろいろあるところなんだよ
それでも明日生きられるかもしかしたら会えない子がいるかもしれない院内学級はしんどい
今のクラスなら明日も会えるから

れちゃったりする。だけど、お母さんが言うには、

「先生、ノブはとにかく学校に行きたいんです。院内学級もすごく好きだったんですが、その時もずっと学校に行きたいと思っていたようです。でも、いざ学校に行ったら、学級は大変でした。『ああ、そうか、学校っていうのは、ケンカがあったり、蹴られたり、給食取られちゃったり、いろいろあるところなんだ。それでも明日生きられるか、明日、もしかしたら会えない子がいるかもしれない院内学級はしんどい。今のクラスなら明日も会えるから』って、ノブは感じたと思うんです。きっと生きているって感じがするんだと思います」

そのお母さんの話を聞いて、ああ、子ども

の学校観というのは、学級が荒れていても何でも、すべてひっくるめて丸ごと学校なんだなって、しみじみ思ったんです。当時の私はといえば、何とかいいクラスをつくりたい、つくれるはずと思っているのに、こんなに学級が荒れてしまってどうしたらいいかわからない、いっそ療休をとろうかと思ったり、転勤しようかと思ったり、要するに逃げようとしてた。

だけど、ノブちゃんにはここが念願の学校で、弱いながら頑張っている。それで当面、ボーナスまで待とうと思ったんです。そういう経験をして、教師ってやっぱり、子どもにもケアされていく仕事なんだなって思いました。そしてどんなに荒れている学校でも、子どもにとってはここしかない、そこを逃げ出すことは止めようって思ったんです。

授業中、AがBをたたいた場合

——AとB、2人への聞き取り(T=教師)

①事実の聞き取り

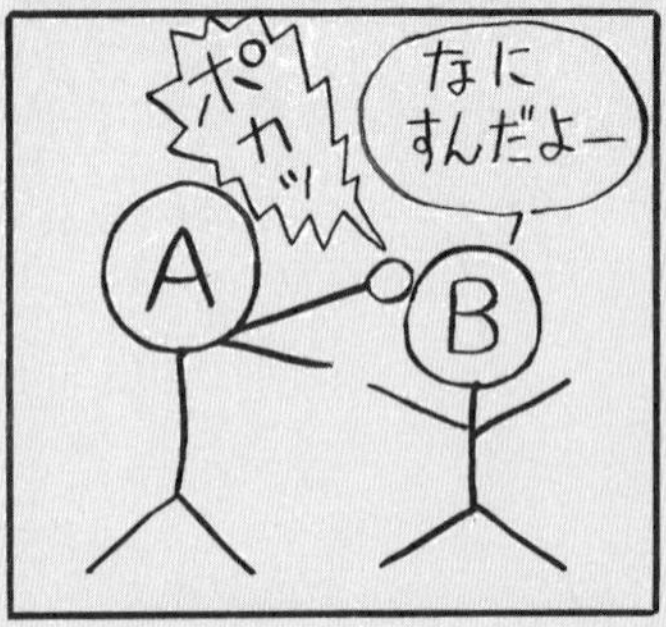

T「Aさん、どうしてたたいたの?」

A「Bが何度も同じこと言うから」

「何するんだよーって、うるさいから」

T「Bさん、どうして何するんだよーって言ったの?」

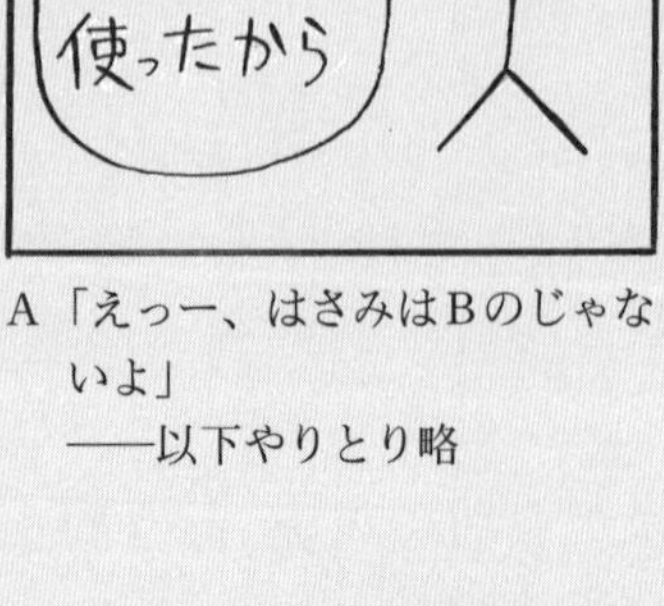

A「えっー、はさみはBのじゃないよ」

——以下やりとり略

②気持ちの読みとり

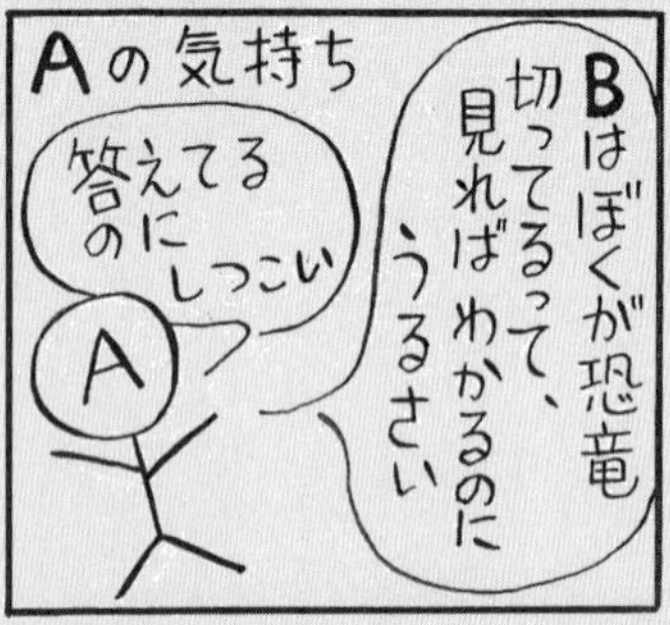

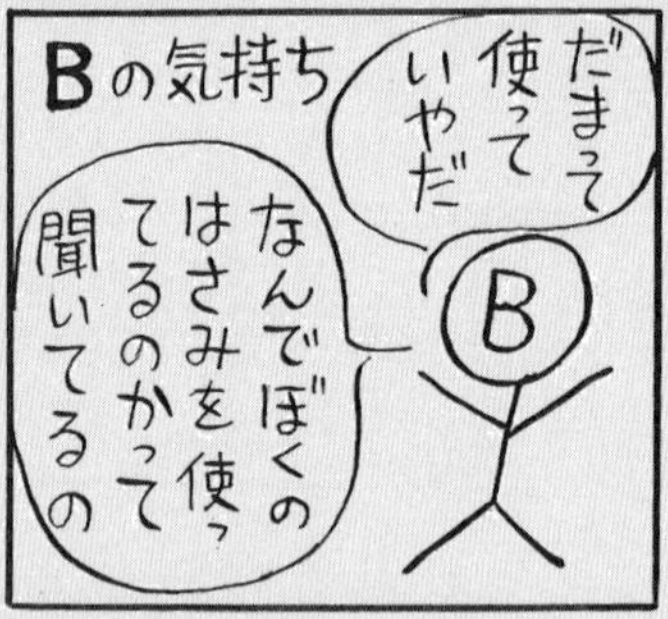

③次はどうする?

〔Aの結論〕

- はさみに名前が書いてないか見る。
- 他の人のものなら「かして」と言う。
- 自分のはさみを使う。

〔Bの結論〕

- 「なんでぼくのはさみ使っているの?」と聞く。
- 「それはぼくのはさみだから返してね」と言う。

(篠崎記)

すぐ役立つおすすめコーナー❸

トラブルを視覚的に振り返る――
ブツブツ棒人間ストーリー

友だちとトラブっても認めない、謝らないなど状況把握が悪い子どもたちには「いつ・どこで・誰が・誰と・何を・どうしていったか」をブツブツ言っている話の中から聞き取ります。脈絡のない話でもよーく聞くと、彼らなりの「つもり」が浮き出てきます。それを棒人間で、ストーリー風に書いていきます。

吹き出しには、その時言った言葉を書き、「　　　　　」にはその時、心の中で思ったことを考えて書きます。パニクっている時は無理ですが、少し落ち着いた時、気持ちを聞き込みながら、いっしょに相手の棒人間の気持ちを考えます。絵にすると、客観的にとらえやすくなるようです。

〔例〕**子どもへの聞き取り方**

①状況（あったこと）

本人が言う通りに書いていきます。

ぼく「そんなのちがうよ」

Ａさん「ちがわないよ」

ぼく「ちがう」

↓

たたかいになった

↓

Ａさんはけった、たたいた。ぼくも椅子をガタガタしてた。泣いた。（涙が床までポタポタ落ちた）

②どんなきもちだったのかな

ぼく「くやしい。Ａさんがちがうのに」

先生「何がちがったの？」

…………（以下略）

■ Ａさんの気持ちを考えよう

・何がちがうかわからなかった

・何度も言っていやだった

・けってきたからなぐった

③この次はどうする？

（本人が考えたこと）

・「○○って言ったの？」と聞く

・Ａさんが悪いことをしたら、先生に言って、Ａさんにどうしてって、聞いてもらう

・たたかれそうになったら逃げる（たたかいをへらす）

すぐ役立つ
おすすめコーナー
4

自己肯定感を育てる——
「ほめほめ大会」と「ほめほめ回転椅子」

夢まろの口をついて出るのは、「どうせおれなんか誰も相手にしてくれないんだ。だからおれはやる」「もっと悪くなってやる」「やればいいんだろ」……つまり自分の評価がとても低いのです。そこで、私が通級指導学級でするのが「ほめほめ大会」というゲームです。「ほめほめ椅子」と名付けた椅子に百均で買ってきた花などを飾って、ここに座った人は一分間ほめられるというゲームです。

まず私が座ります。「先生のこと、ほめて!」、でも、だ〜れもほめない。「うそでもいいから、無理して言って」と言うと、「ご飯いっぱい食べてるみたい」「口、デカイ」「すもうが強い」などなど。「ありがとネ! じゃあ、次は夢まろ」と言って、夢まろが座ります。

「夢まろはオヤジギャグがすごい」
「牛乳の早飲みがすごい」
「一年生の最後の日、先生と別れるのが悲しいと言って泣いた。優しいと思った」
それを聞いて、夢まろは目をいっぱい見開いて、「何でみんなはボクのいいところを知っているの? もっと言って! もっと言って!」という感じで、すごくうれしそうな顔をしている。

私たち教師もそうですが、ほめられるってうれしいですよね。とくに発達障害と言われる子た

ちは、「やめなさい」「何でそんなことするの」「トイレは閉じこもるところではありません」などといつも注意される。その意味で、このゲームは自己肯定感を育てるのに、とてもいい遊びなのです。

この「ほめほめ椅子」には第二弾で「ほめほめ回転寿司」というのがあります。

【ミラクル魔法の椅子】

■用意するもの＝教室にある椅子。百均で買った花やつたの葉、果物のミニチュア。何でも飾ってミラクル・キラキラの椅子を作る。

■方法

①この「ミラクル魔法の椅子」に座った人は誰でもみんなからほめてもらえるということを話す。

②自分だったら、どんなふうにほめられ

たら気持ちがいいか、うれしいかを紙や黒板に書いてシミュレーションしてみる。
③椅子に座る人を決め、みんなで順番に椅子のところに行って、心からほめます。
④ほめられた人は感想を言います。今度はほめた人がちょっぴりうれしい気持ちになります。

♥こんなこと、気をつけるともっとグー
・全員が一度は座れるようにしましょう。日直になった時はこの椅子に座れるとか、お誕生日の日とか、すてきな出来事があった時とか、一度座った人にはなにかシールなどをつけていくなど、記録を残しておきましょう。
・もしほめることばが浮かばない人はムリをせず、思いついたら後で言うことにしたり、②で練習したことばから言ってもよいのです。

【ほめほめ回転寿司】

■用意するもの＝人数分の椅子
■隊形＝一対一で向き合って、全体で二重の輪を作ります。
■方法
①まずはウォーミングアップ。あいさつや手遊びで雰囲気を和らげます。
②向かい合った二人のうち、どちらか一方が最初三〇秒から一分ほど質問したり、よいところをほめます。

ほめほめ回転寿司
・どちらか一方が最初の1分ほど質問したりよいところをほめる
・あいさつや手遊びでフンイキを和らげる
・二重の輪をつくり向かいあわせて座る
・時間になったら役割を交替する
・次に外側の人が椅子1個ずれて相手をかえる
・終わった後で感想を発表する

③時間になったら役割を交替してください。
④時間になったら、外側の人が椅子一個ずらして、違う人と向き合います（回転寿司のように）。
⑤終わった後の感想を発表します。

♥こんなこと、気をつけるともっとグー
・親子でやったり、隣りのクラスとやったりしてもよかったです。
・なんと言えばよいかわからない人のために、質問カードやほめほめカードを用意しておきます。
・学級びらきや班替えをしたり、クラス外の人との自己紹介を兼ねてやったりします。

（篠崎記）

〈参考文献〉『子どもとマスターする49の話の聞き方・伝え方』（子どものコミュニケーション研究会編／合同出版）

すぐ役立つ
おすすめコーナー
5

特技を使う 並ばせ隊

荒れたクラスを持った時、授業が成立しないのも悩みですが、もう一つ大変なのは教室移動の時です。勝手にバラバラと行くので、廊下を短距離選手顔負けの猛スピードで行く子どもたちと、教室で鬼ごっこをしていつまでも教室から出ようとしない子どもたちがいて、どちらを指導してよいのか迷っている間に、ビーカーは割れ、楽器はとび、体育倉庫はめちゃくちゃ、私は怒鳴りまくっていました。体育なら整列して行けるかなと思っても、途中の階段で殴り合いの大げんか。この三年生には、まず整列することが必要なことでした。

「並びましょう」とカードを作って子どもたちに見せると、女子の一部は並ぼうとしますが、暴れまくっている集団に呑み込まれてしまいます。特にその暴れ組の中心が太陽で、やろうとしている子どもにちょっかいを出し妨害し、大声でなにやら叫ぶと、みんなシュンとしています。つまり、太陽は今のこの学級で、私より影響力があるのです。

そこで、太陽の行動をよく見ると――

一つ目の良いところは、みんなが太陽の言うことはきくということ。二つ目は、教室から出るのは好きなので、その先頭に立つことならできるかもしれないと思いつきました。しかし、それを私がやらせるというパターンでは、太陽はやりません。みんなに選ばれてやるという方が成功率は高いし、太陽の存在も肯定的になるし、まず私が助かります。そこで太陽の得意なことでコ

ンクールを開くことにしました。

それは「大声チャンピオン大会」です。セリフは「並べ」、暴力や武器は使わないで、何人並べられるかを競います。

まず元気者で、ちょい悪風の喜多郎が「おめえら並べ〜〜〜」とひと言。すると、一一人が並びました。あと何人か挑戦しましたが、喜多郎の記録を抜く人は出てきません。外にいた太陽もいつの間にか教室に戻ってきて「おいらにもやらせろ」と参加してきました。

太陽が前に立つだけでみんなは緊張します。太陽は得意のにらみを利かせ、「並べ！」と低い声で言い、ポケットに手を入れて、大きく足を振りながら前から後ろに移動します。

「暴力はいけない」と言おうとすると、

太陽は微妙にみんなに触れないようにして移動しています。何となく二列に並ぶことができて、二人目のチャンピオンは太陽になりました。

「副賞があります。並ばせ隊です」と私。

「この係の良い所は、①自分がいるところから並べる、楽です。②早く移動できて早く授業が終わり、早く休み時間になれます。③並ばせることが10回できたら一回、係の行きたい所に行けます」と説明していると、

「そんなものいらねぇ」という太陽に、「オレは二位だからオレがやる」と喜多郎。すると、あわてて太陽が「おいらもだ」と言い返し、結局二人はめでたく「並ばせ隊」に就任しました。

喜多郎が「たいよーーうーー」と窓から呼ぶと、太陽はどこからか戻ってきて、並ばせ係をやります。並ばせた回数が10回になると、太陽と喜多郎はジャンケンをして勝った方の行きたい所にみんなを案内しました。授業の最後の五分で、他の学級のじゃまにならないよう、泥棒学校のようにみんなで「ぬき足、さし足、忍び足」。行き先はアスレチックの裏だったり、学校の主といわれているイボ蛙のいる池だったり、屋上だったり。「太陽は授業中、こんないいとこに行ってたのか」などと他の子どもたちに言われて、ちょっと照れている太陽。

帰って来るとちょうど休み時間。そこで「見える物しりとり」や「階段グリコ」「かんれんぼ」などタイマーをかけて五分間遊びをやりました。タイマーがピッピッと鳴ると、すっきり終わることができます。「並ぶと何かお得」と喜多郎がにんまりして言うと、みんなもにんまり。

（篠崎記）

すぐ役立つ
おすすめコーナー
6

特技を使う　ケンカ止め隊

教室で多発する殴り合い、突き飛ばし、蹴り合い。ケンカを止めると、一人が「なんで止めるんだよ」、そしてもう一人が「口出すんじゃねー」と私にくってかかってきて、今度は私に蹴りが跳ぶ。こんなバトルが毎日続き、このままでは私が倒れると思いました。

クラスを見ると、気の毒そうに見ている子が二人、後は無関心を装っています。このままでは、たとえ私が壊れてもこの無法地帯状態はずっと続くだろう。そう思って、もう一度クラスを見回すと、翔と力也は「うるせーな。あっち行け」とケンカをしている二人に強く言っています。無関心に見えた子たちも、微妙にケンカをよけながらも目はくぎ付けです。

私は、子どもたちは決して無関心ではなく、本当はケンカはやめてほしいと思っているけれど、声が出せないだけだと感じました。

そこで、ケンカが起きた時、「今からケンカ止めオーディションを開きます。やりたい人！」と言ってみました。ダメでもともと、ダメだったらすぐ撤収。結果を分析して、また違う方法を考え直せばよい。この方法がうまくいかなくても、「私が悪いのではなく、私のとった方法が悪いだけだから、違う方法を考えよう」と思うことにしているのです。

私の呼びかけに、ガキ大将的リーダーの翔と少年野球のキャプテンの力也がケンカを止めに入り、チャンピオンになりました。すかさず「ケンカ止め隊」になってくれないかとお願いすると、

「いいよ」と二人は快く引き受けてくれました。

以後、ケンカが始まると二人は出動（？）、何件かはケンカを止めることができたのですが、なかなか止められないケンカもあり、「おいらたちにも限界がある」と言います。

「ケンカ止め隊」の二人の要請で、次に「ひとっ走り隊」が誕生しました。彼ら四人はリレーの選手で足が速い。ケンカが起きると必死に走って一番近くの大人に来てもらうという役割です。やっと、なんとかケンカを止めることができるようになった頃、「ケンカ再現タイム」をやってみることにしました。

最初、報復を恐れ、証言者は出てこなかったのですが、クラスにひそかに誕生した「癒し隊」（73頁〜参照）のおかげで、再現タイムが変わってきました。

目がつり上がっているゲンに優也が、「まっちゃんが先にあっち行けって言ったから、ゲンは怒ったと思う」と言うと、ゲンは「そうだよ。先に言われたからキレた。優也、見ててくれたんだ」と答えて、つり上がっていた目が普通になりました。

証言するとやられると思っていたのが、そうではないことがわかってきました。違う証言も出てくるので「真相」はわからなくなってしまうこともありましたが、「ケンカしてまで言いたいことがある」「トラブルには必ずわけがある」ことがみんなにわかりかけてきました。

私は黒板に棒人間（81～80頁参照）を描き、経過を整理して、言った言葉と頭の中で思っていたことを両方の立場で考え合うことをしていきました。

次に、そんなにまでして伝えたいことがあるなら、暴力ではなく、他の方法をみんなで知恵を出し合って考えて、新しい「きまり」をつくることを繰り返しやっていきました。

その結果、ケンカが少なくなっていったこともよかったのですが、自分の思いを言葉で伝え合うようになったこと、自分以外の人が思いをわかってくれ、ときには代弁してくれることを子どもたちが実感したこと、またそれらを通して子ども同士の関係ができていったのがうれしかったです。たとえケンカが起きても、みんなが分担して関わっていくことができるという「ゆとり」、そして孤独ではない「癒し」という、人が生きていく上で大切なものを気づかせてくれた子どもたちでした。

（篠崎記）

第Ⅲ章

暴言を吐く子、教室を飛び出す子

1　暴言を吐く子

スーパーバイザーまで凍りついた研究授業での暴言

篠崎　子どもたちが使う暴言には「うぜー」「死ね」「あっちへ行け」「やりたくねえ」「おめえがいなくなったらやってやる」などなど、ありとあらゆる暴言があるんですが、その時の子どもたちの受け止め方には二通りあると思うんですよ。

一つは、そういう暴言を吐く側は、私が困った顔をしたりドキドキしたり、どう切り返したらいいかわからない、その雰囲気を楽しむというか、期待しているというか。もう一つは、それを聞いているまわりの子たちの反応が、先生がやっつけられていることですごく居心地が悪い、嫌な気持ちになっているという二つの面。だから、こちらが元気な時はほとんど軽く切り返しますね。「ハイハイ、ハーイ！」とか、「わかった、次ィ！」とか言って。しかし暴言と暴力がいっしょになってくるとなかなかきついものがあります。だいたい暴言だけというのはないですから。

村瀬　暴言と暴力はたいていセットですからね。

篠崎　トラブルが始まる時は「わからねえ」「おもしろくねえ」「やめちまえ」「死んじまえ」……そういう感じで始まって、「まあまあ」とやっているうちに、今度は机を蹴って、ものを投げるとか。私は、暴言を吐く子どもたちの背景に、勉強がわからない、ないしは何かができない、そんなできない自分を見せたくなくて、あえて強く出て教師を攻撃する、そういう現れ方をしているんだろうと思うんです。

一方、ＡＤ／ＨＤなど、衝動性の強い子どもたちは自分で自分を止められない。思ったことを全部言ってしまう。この言葉は人を傷つけるから言わないとか、今は黙っていようとか、仲良く遊びたいからこのことは言わないでおこうとか、ということが苦手です。

ある時、研究授業で若い先生が授業をやったのを見せてもらったんです。その授業は暴言とは正反対で、先生は一生懸命やってるのに子どもたちがシラケてて、何の反応も示さない。先生が一人でしゃべって一人で答えている感じ。見ていてものすごく気の毒だったんですが、最後にショックだったのは、リーダー的な男の子がこう言ったんです。

「なんだよー、答えがわかってるのにオレらに聞くんじゃねえ」

その言葉に、スーパーバイザーはじめみんな凍りついてしまった。ところがあとで聞くと、彼はそれほどショックでなかったんですって。いつもはものすごい罵声の中でやってるんだけど、この日はみんなが見に来てくれたので、子どもたちは座っていてくれた。「消えろ」とか「死ね」とか言われなくて、今日は良かったって。私なんか、そのひと言を聞いて、何かとても複雑な気持ちになったんですが……。

村瀬　うーん、寒々しい光景よねえ。

篠崎　子どもの暴言はもう一年生からですよね。「死ね」とか「体罰教師」とか言う。どういう言葉を口にすれば相手が傷つくかというのをちゃんと知っている。でも子どもたちの暴言は、いつもリアクションを求めているんです。「お前なんかいらない」なんて言うけど、逆に教師が、「あんた、もういいから！　どうぞお帰りください」なんて言うと凍るよね。「帰ってやる！」とブツブツ言いながら、何回も後ろを振り向いて、その辺をがんがん蹴りながら、こちらが止めてくれるのを待っている。

そういうことがわかっているから、私は「くそばばあ、死ね！」なんて言われても、その言葉には反応しない。「それがあなたの本心から出た言葉だとは、先生、一回も思ったことはない」って、やせ我慢しながらね。「あの時は苦しかったね」と言える時がきっと来るだろうという淡い期待のもとに……。「まあまあ、おばあさんでも先生だからさ」（笑）とか、「先生の言うこと、九個は聞かなくてもいいから一個くらいは聞いててね」とか、そ

うやって切り返していくんですが。

村瀬　私たちもそのテーマで講座をやったことがあるんですよ。「くそばばあって言われたら、みんなどうしますか？」って。

　ところが、学習会に来るような人はみんなおもしろいんですよ。「誰に口きいてんの？」「もう一回言うてごらん！」なんていうのは、直球をもろに打ち返しているから、子どもを傷つけてしまう。そうじゃなくて「よかった！　くそじじいじゃなくて」（笑）「発音悪いよ。もっとはっきり〝おばあさん〟と言いなさい」「なんだい？　しょんべん小僧！」などなど。そんなことでは傷つかないというようなことが会場からもうまく出たの。

　「くそばばあって言いながら、言う方も傷ついてるんだ」って言った人もいましたね。

たしかに毎日毎日「くそばばあ」を浴びせられたら傷つくけれど、相手もそう言ってみるだけだというふうに思えると、そんなムキになることでもない。それくらいは思春期になったわが子だって言いかねないですからね。

子どもがきつい言葉を吐いてくるのは

篠崎　これは家庭内にＤＶがあった子どもの例なんですが、教室で二人がケンカしてたのを止めたら、「おめえが止めたから！」と言って二人とも私に向かってきたんです。その一人を引きずるようにして、癒し部屋に連れて行ったんですが、興奮がおさまらずに「おめえなんか死んじまえ！」「おめえが悪い」って言いながら、私をずっと蹴り続けている。痛いな、痛いなと思いながら、それを止めたりすると、もっとひどくなったりするから、気が済むだけやりなという感じで、蹴られるままにしていたんです。

でも「おめえが……」「おめえが……」と言いながら、私の目を見ていない。「おめえ」っていったい誰なんだろうと思いながら、ずっと彼の暴力に耐えていたんですが、そのうち突然、「父ちゃんと母ちゃんがリコンするーっ！」って泣き出したんです。

彼は家では父ちゃんと母ちゃんが仲良くしてくれるようにものすごくいい子にしている。

洗濯物はたたむし、〇点を自分で一〇〇点に直したりして、涙ぐましい努力をしているのに、とうとう父ちゃんは出て行ってしまった。父ちゃんはリストラにあい、家で酒を飲むようになってから、母ちゃんに暴力をふるうようになったと言うんです。

「おれは、父ちゃんが酒を飲み始めると布団にもぐりこんで、布団をしっかりにぎっている。父ちゃんにやられないように。でも、でも、音がするんだ。母ちゃんが蹴られたりする音。母ちゃんは泣かない、声出さない。でもぶつかったりする音がするんだ。音が止まると、これで父ちゃん、もうやめてくれるのかと思う。でも、しばらくすると、また蹴る音がする。おれはね、いつの間にか寝ちゃって朝になってる。おれは寝ちゃう……」

胸が締めつけられるような話なんだけど、つまり彼がそんなふうに荒れる背景には必ず何かあって、それを一番安心できる人、受け止めてくれそうな人にぶつけていると思うんです。この人だったら自分の辛さをわかってくれるかもしれないと。

だから、子どもがそうやってぶつかってくるのは、子どもが私を選んでくれたのかなと……。子どもにきつい言葉を吐かれて、キレそうな自分もいるけど、一方で、やっとその子がこちらに近づいてきてくれたのかも、と思う自分もいる。でもまだまだ心底そういう境地にはたどり着けないけれど、少なくとも暴言なり暴力をふるう子の背景にあるものがわかるまでは、教師の私が、その子に罵声を浴びせたり、暴力をふるったりするようなりアクションをとるのはやめようと、自分に言い聞かせていますが、なかなかねえ（笑）。

お母さんの前ではいい子、担任には「死ね！」「ブタ！」

村瀬　家庭でいちばん身近な親と信頼関係がつくれないでいる子も、暴言という形で問題を出してくることがあるという気がします。この時はクラス全体が大変だったのですが、その中に翔子という子がいました。三年生というのに体が大きくて、私くらいあるんです。初めて教室に入って「起立」と言った時に、「先生、起立せえへんかったらどうする？」と言ったり、始まったばかりの一週間目というのに「死んでやる！」と言って、窓を開けて窓枠に立ってみたり、プリントを配ればわざと落とす。奇声を発したと思うと、「先生の声、うるさい！」「誰が勉強なんかするか！」とか、教科書も出さないから手伝ってあげようとしたら、バーンと手を払いのけて「さわるんじゃない！」と叫ぶ。その時はどう切り返したのか、記憶がとんでしまうくらい立ち尽くしていましたね。

そして、遠足が近づいてきた時、お腹が痛くなったと言うんで「大丈夫？　お母さんに迎えに来てもらおうか？」って聞いたら、「お母さん、私のことなんか全然興味ないよ」という答えが返ってきたんです。

翔子のお母さんは、お店をいくつも経営していて、すごく忙しい人で、小さい時から、翔子はお手伝いさんに育ててもらってきた。遠足があってもお弁当なんかつくってもらったことがない。ところが、そのお母さんが仕事から帰って来ると、翔子は「お母さん、お帰りなさい」と言って、自分で生ジュースをつくって持っていくようないい子なんです。それなのに学校に来ると、ものすごい暴言を吐く。私に向かっても、「臭い！」「死ね！」「ブタ！」なんていうのが日常茶飯。

それで、お母さんに会ったら、何と丸い体型が私とそっくりなの（笑）。そう言えば、いつだったか、私を見て「お母さんが来た！」と言って逃げたことがあるんです。お母さんに甘えたいのと、その気持ちがわかってもらえなくて抱えてるイライラを、お母さんとそっくりの私にぶつけていたんやなあってわかったんです。だから暴言も本気で言っているのでなくて、「私のことを見捨てない？」と確かめているのがわかってきて、少し楽になりました。

篠崎　その子の荒れる「わけ」、トラブルの背景がわかると、対応の方法が見えてきますよね。

村瀬　そうなんです。それでも対応はなかなか難しくて「さわるなー！」と言いながら、後ろからぎゅっと抱きついてきたり、すごく甘えて猫みたいにすり寄ってきたり、膝の上

に乗ってきたりする。でっかいから、重い重い。でもそんな時、「ちょっと待って！　これ書いてからね」なんて言うと、カッとなって「このくそばばあ！」と豹変する。○か×で、その中間の感情表現がないのね。○と×の間を埋めていけるような感情をつくり出したいと思いましたね。

お母さんに会っていろいろ話をすると、彼女はお母さんに対して「遠足にお弁当作って」とか、「運動会に来て！」なんて一度も言ったことがない。「ええよ、仕事が忙しいんやから」って言ってるらしいんです。

「でも、お母さん、それは本心と違うよ。それはお母さんに嫌われたくないから言ってるだけ。実情はこうで、私はこういうふうに読み取っている。『お母さん、もっと私を見て！』

というのを、代わりに私に言っているんだと思いますよ」と言いました。

　実際、遠足の日、お昼になってもお弁当を食べないのです。それはお母さんが作った弁当じゃなかったから。お母さんがお弁当を作ってくれると言ったのに、忙しくて作ってくれなかった。それが許せない。親に裏切られたという思いで一口も食べなかったんです。

「そうやってお母さんのことを確かめているんですよ」と言ったら、お母さんはすぐにはわからなかったけれど、「努力してみます」と言ってくれました。その家は、友だちも誰も遊びに来ない、お手伝いさんがいるから入りにくいんです。でも「遊びに行かせてやってほしいし、家にも友だちが来られるようにしてあげてほしい」とお願いしました。

　それからまたある時、自分のことをいちばん愛してくれるおじいちゃんのお金を五万円盗んだという事件があったんです。夜、お母さんの店を訪ねて話した時に、

「いちばん自分をかわいがってくれるおじいちゃんのお金を盗るというのはどういうことでしょうかね?」とお母さんがおっしゃるので、

「それもやっぱり何かのSOSだと思いますよ。『こっちを向いて!』『私の方を見て!』ということでしょうね。おじいちゃんがすごく可愛がってくれているけれど、それでもまだ足りない。物とかお金では代えられないものを、お金を盗ることで表現しているんだと思いますよ」

この時、私は、愛情を奪い取るように、お金を奪い取るのではないだろうかと思いました。翔子は、そのお金で年上の好きな子にいっぱい物を買ってあげていました。

お母さんが初めて運動会に来てくれた！

篠崎　お母さんも「トラブルはヘルプ」という思いで受けとめると、一歩前に進めるんですけどね。

村瀬　でも、翔子の場合、その時はまだお母さんはそこまで受け入れられない。自分の前では問題ないいい子なのに「何で？」というのがずーっとあって、事態をなかなか受け入れられなかった。ところが、決定的だったのは自分の母親の言葉だったんです。悩みを実の母（おばあちゃん）に相談したら、

「自分も苦労して商売を始めたけれど、昔の親というのは二時になろうが三時になろうが、朝はちゃんと起きて子どものご飯はつくった。どんなに自分が疲れてても、子どものためには骨身を惜しまへんかった。あんたはお金を儲けたからお手伝いさんを雇うてるけど、あんたには母親としての努力が足らへんのとちがうか」

これまで何も言わなかったおばあちゃんがそう言ったというんです。お母さんには目か

らウロコだった。お母さんが変わったのはそれからです。小さい時から子育てはお手伝いさんにまかせていたんだけれど、それだけでは足りないんだということに少しずつ気づいて、友だちを家に泊めたり、お母さんもいっしょにゼリーをつくったり、逆に友だちの家に遊びに行かせたり。それまでお母さんは友だちが家に来ることがいやだったんですね。ただでさえ仕事で疲れているのに、そこへ子どもが来たらキャーキャーワーワー、とても付き合っていられない。その気持ちは、働いている私たちにもわかります。

それで、お母さんは、せめて行事の時はどんなに忙しくても休んで学校に行こうということにして、運動会に来てくれることになったんです。ところが、お母さんが来ると荒れるのね。朝からテンションがあがりすぎて。

篠崎　あるある、そういうことって！　うれしいんだけど、どうしていいか自分で自分がコントロールできない。うまくいかなかったらどうしようとか、不安もいっぱいで。

村瀬　そう、自分で自分をもてあましている。だって、運動会にお母さんが来てくれるなんて、今まで経験したことがなかったんですから。可愛いというか、いじらしいというか。そこで、急いで群衆の中からお母さんを探して言ったの。

「今日、朝から翔子ちゃん、ちょっと変なんです。それはお母さんが初めて見に来てくれているのに、徒競争なんかでうまく走れるどうか心配になってるんだと思うから、ちょっとひと声かけてもらえません？　『今日、お母さん、とっても楽しみだよ。ビリでも何でもいいからね。お昼、お弁当いっしょに食べようね』って、そのひと言だけでいいから」って。

お母さん、「わかりました」って。それで声をかけてくれたらしくて、すーっと落ち着いて、満面の笑みでやったの、入学して初めて。そうしたら、低学年の受け持ちだった先生が、「翔子ちゃんがあんな顔して参加したの、見たことないわ」って喜んでくれました。本気で走る姿を、三年生で初めて見たそうです。

篠崎　結局、安心して帰れるところがあるかどうか、帰ったら受けとめてもらえるところかどうかを、子どもは確かめながらやってるのよね。帰れるところがあれば失敗できるけど、帰れるところがなかったら荒れるかキレるか、暴言を吐いて「あんたが嫌いだからやらない！」なんて教師にいらだちをぶつける。だからそのお母さん、体型が先生に似てて良かった（笑）。まあ、似てなくても村瀬さんの指導は同じように子どもを変えていくと思うけど。

親子が触れ合う「しあわせなしゅくだい」

村瀬　だから、時と場合によっては、親子関係をつくり直していかなくてはならないということがあるんですね。それで、私が考えたのは「しあわせなしゅくだい」（次頁参照）、これが意外に受けたんです。

翔子が荒れている時、お母さんはどうしていいかわからない。お手伝いさんにまかせっきりで、ミルクもろくにやったことがないと言うんです。それで、お母さんに抱っこしてもらって読む『しゅくだい』という絵本があるんですが、それにヒントを得て「しあわせなしゅくだい　パートⅠ」として、お母さんの膝に抱っこしてもらって、お母さんにくっついて本を読んでもらうというのを宿題にしたんです。漢字の書き取りや算数の計算は家でドリルを取り寄せたり、塾でやっている子が多いんですが、「膝に抱っこして……」なんていう宿題は聞いたこともないので、親も「エッ、こんな大きな子に？」というとまどいがあったんですね。でもやってみたらこれがすごく受けたの。

特に翔子の場合、お母さんの膝に抱かれた時、身体がガチガチだったっていうんです。お母さんも緊張してどんなふうに読んであげていいかわからなかったそうですが、それでお母さんはものすごく反省した。私はこの子にこんなことをしてあげてこなかったって。この子が安心して自分に身体を預けてないんだということが体でわかったって。

篠崎　安心して自分の体を預けられるって大事ですよね。でもお母さんがそこまで気づ

【しあわせなしゅくだい・パートⅥ】

■しあわせなしゅくだいを考えて、実行する。

■相談してよい。

■成功しても、失敗しても、クラスで発表する。

（村瀬記）

すぐ役立つおすすめコーナー❼

しあわせなしゅくだい

この宿題で、親子の関係を取り戻す効果がありました。

【しあわせなしゅくだい・パートⅠ】
■おうちの人に抱っこしてもらって、絵本を読んでもらう。
（ハッピーなお話の絵本を人数分、準備しました）

【しあわせなしゅくだい・パートⅡ】
■おうちの人と一緒にお風呂に入り、背中の流しっこをする。
■おふろでできる遊びを一緒にする。

【しあわせなしゅくだい・パートⅢ】
■おうちの人の肩もみか、肩たたきを「もういいよ」といわれるまでする。
■ちょっと、お返しにしてもらう。

【しあわせなしゅくだい・パートⅣ】
■学級園でとれた大根を使って、おうちの人と一緒に料理する。
■みんなに食べてもらって、感想を聞く。

【しあわせなしゅくだい・パートⅤ】
■おうちの人が大笑いする作戦をたてて、実行する。
■きょうだいや大人と作戦を立てる。
［例］電気を消して、お母さんと弟と台所に隠れた。お父さんが帰って来て、「どこ行ったんや」とさがしまわっていたところにみんなでワッと出た。お父さんがビックリして、弟が「大成功！」って言って、大笑いになった。

いてくれてよかった。すごくいい宿題だったと思います。

村瀬　それで、気をよくして「しあわせなしゅくだい」をいろいろ考えていったんですが、「しあわせなしゅくだい　パートⅡ」は、お風呂でお母さんなりお父さんに体を洗ってもらう、逆に自分もお母さんやお父さんの背中を流してあげるというのを出したんです。終わった後の感想です。

《初めてお父さんの背中を洗ったら大きかった。》

《石鹸のふたにぬれたタオルをあてて、上に石鹸をぬるやろ。そこに口をあてて空気をふきこんだら、カニさんみたいにめっちゃ泡がぶくぶく出てくるねん。おもしろかったでえ。おとんも昔、おじいちゃんにしてもろてんて。》

《石鹸でぷーっとやったら、お父さんがひげもじゃのサンタさんのようになった。》

《初めてわが子に背中を洗ってもらいました。》

こんなふうに、アットホームな親子関係を取り戻して行く様子がいきいきと伝わってきたんです。学級通信の「アットホームコーナー」は好評でした。

そのうち「しあわせなしゅくだい」はみんなで考えるようになって、子どもには「おうちの人が喜びそうなことを」、親には「子どもが喜びそうなことをしてやってください」。そうしたら、年末の忙しい時にお父さんの肩たたきをするとか、親子で何かをいっしょに作るとか、昔の家庭だったら当たり前にあったことを改めて取り戻していくというか……そんな成果がありましたね。

それで、そんなふうにお母さんが変わってくれた翔子ですが、そのまま四年生に持ち上がったんです。一番大きな変化は、それまで私にだけ向いていたのが、友だちができて、私でなく友達の方に関心が向くようになった。癒しあえる仲間ができたのね、それも友だちの力で。ここでは触れていませんが、クラス集団が育っていく中で、居場所を見つけたんです。

2　教室を飛び出す子

教室を飛び出した子たちの逃亡場所は？

篠崎　教室を飛び出す子ってよくいるんだけど、最初、その子がどうして飛び出すのかわからない時は、追いかけたり、どこに行くのか見たりしてましたね。それもしょっちゅうのこともあるし、あることになると飛び出す子もいるし、キレて飛び出す子もいる。

村瀬　ふらふら〜と出ていく子もいるね。

篠崎　そうそう！　で、最初はとにかく座らせて勉強させるのが教師の力量なんだというのがあるから、無理やり座らせようとするんだけど、私はそういうのは必ず失敗しました。だって無理やりなんだもん。原因は何もわからず、問題は解決してないのに、ただ座っていろっていうのは無理な話だというのがわかるまでに、私は何年もかかりました。

飛び出す子どもたちって、追いかけるとわかるんだけど、教室を飛び出すっていうのはけっこう気持ちいいっていうか、開放感があるんですよ。こんなにお天気が良かったら教室の中にいようったって無理だなあとか、あんなくそ暑い教室のなかで六時間も座っていろだなんて無理だなあというのが、年齢を重ねたらわかってきた。

じゃあ、いったい彼らが教室を飛び出してどんなところに行ってるのかなあと気になって見てみると、涼しげな竹藪とか、池のほとりで蛙とか亀とかをボーッと見ていたり、けっこういい時間の過ごし方をしているんですよ。側に行って横に静かに座っていると、カマキリの足が折れていたので、ストローを添え木に包帯をしてあげたとか、うさぎの世界でもいじめはあるとか、とびっきりのビッグニュースを教えてくれたりする。何回かそんなほんわかした時間を過ごした後で、聞いてみるんです。

「キミはずっとここで亀を見ていたいよね。先生も本当はそうさせてあげたい。だから、先生がこれから言う中から、キミがいいと思う答えを選んでいいよ」って。彼らは自分から「これ」と言うことはなかなか難しいんだけど、先ほどの村瀬さんと同じように選択肢を示すと、選ぶことはできるんです。

「まず一番、雨が降っても風が吹いても外に出て亀を見る。二番、本を持ってきて、ここで亀といっしょに本を見る。三番、みんなを呼んで、ここで国語の勉強をする。四番……」、ただし「先生が見えるところで」という条件を付ける。その中から何を選ぶかというと、最初選ぶのは一番。でもそこには「雨が降っても」というのがあるので「雨の日もどうぞ!」と言うと、それはパスするので、「いいの？　一番はやめていいの？」と言うと、「う～ん」、そうやって変えていく場合もある。

また「何をどうやるのか」がわからなくて、席に着けない子には「やることがわかる予定ボード」(次頁参照)を作ります。

追いかけたらよけい逃げて行く

村瀬　教室を飛び出すような子は、勉強がわからないだの、あるいは発達障害があって

すぐ役立つおすすめコーナー❽

やることがわかる「予定ボード」

①登校してすぐ「今日の予定ボード」（チャレンジカード）に今日の予定を子どもと話しながら一つ一つゆっくり書いていきます。

〔例〕めあて「床でねころばない」子どもが自分で立てる目標です）

1時間目——学年集会　　4時間目——七夕かざり
2時間目——国語　　給食・昼休み・そうじ
中休み——ことば　　——かえりのしたく
3時間目——七夕かざり作り　　5時間目——

②もし突然、変更しなければならない時は、わけを話し、その部分に「×」をつけ、「→」を書き、新しい日程や活動を書き込みます。ここでのポイントは「どうしてそうしなければならないのか」をていねいに話すことです。（中止か延期か、延期ならいつなのかなど）

※プリントはバインダーにはさんでひもをつけ、机の横に下げておきます。（百円ショップの小さな白い水性用ボードだと、消したり書いたりが楽です。）

予定ボード（チャレンジカード）	よくできた◎ できた○ いまいちくん△ （これも子どもが自分で評価します）	
めあて（		）
朝の会	月　日	やること、場所、持ち物
1時間目		
2時間目		
中休み		
3時間目		
4時間目		
給食·昼休み·そうじ		
5時間目		
1日を振り返って		
先生から		

何かにこだわるだとか、いろんな要素があると思うんですが、後者の場合、最初は原因がつかめないので、「どうしたらいいかわからない」ということが悩みですね。

例えば、真琴という子は、ちょっとしたことにこだわる。それも何にこだわるかがわからない。普通に授業していたのに、突然バーンと机を倒す。終わりの会で友だちの顔めがけて水筒を投げつける。たまたまうまくよけられたんでよかったんですが、まわりにいる子たちは何が起こったのかわからない。とにかく何かこだわりがあって、そのこだわりがうまく処理できなかった時、教室を飛び出したり、暴れたりパニックを起こす。はじめは何がなんだかわからない。

だんだんわかってくると、「いっしょに帰ろうね」と言った子どもが帰りの時間、約束したのを忘れてさっさと帰ってしまった。それが許せないとか、授業の終わりに、自分がまだ書き終わらないのに、みんな終わったからと先生が出て行ってしまったのが気にいらなくて、机をバーンと蹴ったとか、筆箱は噛んじゃいけないのに前の席の子が筆箱を噛んでいた、それが許せないとか……。それも他人の失敗が許せないだけでなく、自分が間違ったりしたらもっと荒れる。真面目にキッチリやりたいのに、できない自分が許せないんです。

粘土細工なんか、自分ができないのにまわりがきちっとできていると、パニックを起こして物を投げつけたり、飛び出して行く。最初はケガをさせたりしたら困るので、抱きかかえたり、追いかけて行ったり、しばらくして呼びに行ったりしてたんですが、なかなかそこを動かない。それどころか追いかけて行くと、だんだん遠いところ、遠いところへと行く。それで「ああ、この子、追いかけてほしいんだな」ということがわかってくる。その気持ちがわかるだけに、体が二つ欲しかったです。

篠崎　子どもを追いかけていくと、教室は担任がいない状態になってしまいますよね。

村瀬　そう、私が真琴を追いかけていたら、学級は空白になってしまうし、他の保護者から不満が出て、それが真琴や真琴の保護者に向かう心配だってあります。しかも、その飛び出しも、運動場の方まで行ってチャイムが鳴っても戻ってこなかったり、高いジャングルジムの上にいたりということがありました。これは支援の組織をつくらないと、とても一人ではやっていけないと切実に思いました。

そこで、職員室にいる先生だとか、教頭先生に、「追いかけたらよけい逃げて行きます。私は学級の授業を優先したいのでよろしくお願いします」と言って、対応を頼みました。真琴も大事だったし、私もつぶれないような職場にしたかったので、そのために、支援の体制を要求していったわけです。やがて校内に支援のチームをつくっていくことになりました。

パニックをクールダウンさせる「隠れ部屋」を作る

村瀬　でもそんなふうに一時パニックを起こしても、時間が経つと落ち着くんです。しばらくすると自分で戻って来ることもあって、こちらが見えるところでドンドンとドアを蹴って「ここにいるよ」というのをアピールする。で、ドアを開けておいて、「落ち着いたら帰っておいで！」。「あなたのこと、忘れてないよ」のメッセージを送りました。

そんなふうに、パニックが起きたらクールダウンする時間が必要というのがわかったので、居場所を作ることを考えました。教室の後ろに、クッションマットや座布団、ふわふわのぬいぐるみを置いたりして。そこは真琴の居場所なんだけど、他の子にとってもいい居場所になって、交流できるきっかけがつくれるとも考えました。「みんなといっしょにできる」ということを追求しがちだけど、一人の時間を充実させるということも大事だと思いました。自分の課題が終わると、ゆっくり好きなことができました。

その後、学年があがり、担任も変わったんですが、やはり教室に居られないくらい辛い時があるので、空いている教室の中にカーテンを引いて「真琴の部屋」を作りました。その頃は、職員が協力してすぐに作ってくれたんですが、中はたたみ一畳分くらいで、机と本が置いてある。本はすごく好きなんです。私は小さい一人用のテントを持ってきて、その中にも入れるようにしました。校舎のすみっこのあまり人の来ないところが置き場所で、パニックが起きそうになったら、そのテントに入って落ち着くまでそこで過ごすことができました。

篠崎 段ボールが好きな子もいるよね。

村瀬 そうそう！ 段ボールのおうちを造って、そこに寝ころべるようにシートみたいなのを入れておくと、そこに閉じこもれますね。ただ、避難する時は、本人とはきちんと約束して、「どうしても我慢できなくなったらそこに行ってもいいけど、その時は必ず教科書を持って行って独習する」とか、「その時間は抜けていいけど、次の時間は必ず戻ってくること」といった〝契約〟を結びます。もちろんそのことは保護者にも了解をとっておく。その約束は破棄されることもあるけど、それは嘘をついたのではなくて、その時は本気だった、でも、できなかった、そんなこともある。そういう形で子どもの逃げ場もつくってやるわけです。

私の場合、その選択に際しては、子どもの意見も尊重しながら、できるだけ教師が主導権をとるようにしました。傷ついている子は、傷つきの大きさゆえに、時に自分が主導権をとろうとして、担任に対しても支配的になろうとすることがあるからです。そこで、教

隠れ部屋

宝箱
「パニック箱」という人もいるが
「宝箱」の方が良いと思う。
クールダウンできるものを入れて
居場所に
置く。
真琴の宝箱
好きな折り紙の本、パズル
ししゅうのセット、プチプチ(つぶす)
数独、すべすべの布など。
折り紙
真琴の宝箱
うさぎの
ぐにゃぐにゃ人形
(投げつけてよい
感触もよい)
隠れ部屋
一人用テント
せまくて落ち着く
かえる君の家
みんなで作った隠れ場所
みんなで利用できる。
クラスの劇にも利用できる。
テレビが入っていたダンボール箱
ドア
ドア
中に座ぶとん
をしく
この中に
オセロ、おもちゃ
トランプ等
ふわふわ
クッション
パネルを組み立てて
できるマット
本箱

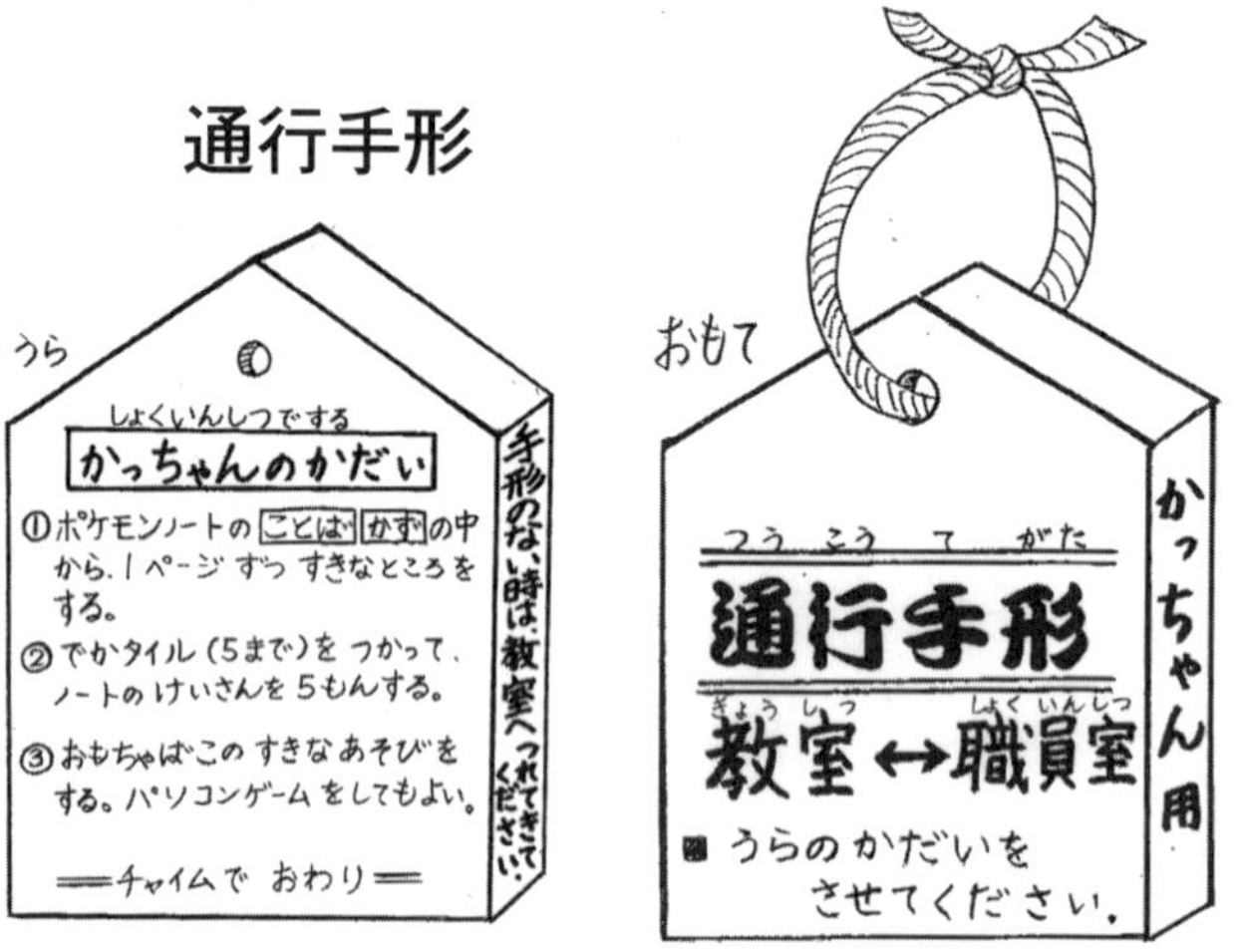
通行手形
うら
しょくいんしつでする
かっちゃんのかだい
①ポケモンノートの ことば かず の中から、1ページずつ すきなところをする。
②でかタイル（5まで）を つかって、ノートのけいさんを5もんする。
③おもちゃばこの すきなあそびをする。パソコンゲームをしてもよい。
＝＝チャイムで おわり＝＝
手形のない時は教室へつれてきてください！
おもて
通行手形《つうこうてがた》
教室《きょうしつ》↔職員室《しょくいんしつ》
うらのかだいをさせてください。
かっちゃん用

どうしても我慢できない時は、この手形をもって教室を出ることが許される。

師が主導権をとれるような仕掛けをつくる。それが、篠崎さんが話した、夢まろの「連絡帳」（52頁）であり、私の場合「通行手形」（上の図）なんです。それを持って、決まった所へ行けるわけです。

ただその場合、その子だけ特別なことが許されるわけですから、まわりの子どもたちに、その子が抱えてる辛さだとか、我慢できないことをわかってもらって合意を得なくてはならない。低学年だと「なんでえ?」って言いますよね。「みんなも得意なことや苦手なことがあるでしょ。真琴には我慢できない音があるんだよ」とか。とても難しいんですが、特性を周りの子どもたちにわかってもらえるようにしないと、うまくいきませんね。

篠崎　その合意を得る過程が、ものの見方・考え方を学ぶ場ではないでしょうか。たとえば、みんなは平気だけど、「苦手な音」（「感覚過敏」の子どもたちと指導の工夫126頁〜参照）がある人もいるんだということを知るというのは、子ども同士、互いに理解し合う初めの一歩になると思います。私も、赤ペンでマルつけをする時のシューッという音がダメなんだと子どもに教えてもらいました。

村瀬　そうそう、なぜか、赤ペンでシューッとやるのは嫌がりますね。真琴もその赤ペンの音を聞くのは嫌なのに、黒板をキーッとやって人に嫌がらせをしたりするんです。他人の気持ちを察するのはとても下手なので、まわりの気持ちは関係なくて、自分がいつも一番でなければならない。この真琴という子が第Ⅰ章でも話した、給食の時間、私が必ずサポートに行くという子です。

学校で一番大変なクラスなのに一番よく本を読む

篠崎　飛び出すような問題が起きた時、うちの場合、ケータイで連絡すると、校長先生か教頭先生が出てくれて対応してくれるんですが、それが間に合わない時があるでしょ。飛び出す以外にも、子どもが具合が悪くなって保健室に連れて行かなくてはならないとか。そういう時のために「好きな勉強ベスト5」のアンケートをとって「自分の勉強」という緊急避難的な自習体制をつくってあるんです。

まず一番は宿題。先生がいなくなったら学校で宿題をしていい。これはもちろん、懇談会で保護者に了解をとっておくんですけど。続いてマンガ。これは学級にマンガ検定委員会というのがあって、委員会でいいと判断したマンガを学級文庫に置いてある。それを読んでいい。三番目は文具遊び。自分の筆箱の中に入っている物で遊ぶ。迷路とか、折り紙とか。で、私が「ハイ、出ます」と言ったら、その中から一個選んでやっていい。あるいは班長さんにプリントを渡しておいて、「ハイ、出るよ」と言ったらそのプリントをするとか。

村瀬　うちの学級は本なんです。学校で一番大変なクラスなのに、一番よく本を読む。子どもたちの机の中にいつも読みかけの本を入れておいて、それを読むんです。それが学校規模で行われていて、市の図書館から学校中で本を借りている。一カ月たったら隣の学級と交換する。本は側にあるのがいいですよね。四〇人学級だったら四〇冊借りるんです。本を借りるだけでなく、司書さんに来ていただいてお話し会をしたり、読み聞かせをしてもらったり、先生たちも違うクラスや学年に行って読み聞かせをしたりします。

篠崎　読書は「ことばとこころを育てるもとのもと」と思っています。読み聞かせは落ち着かないクラスや子どもほど、聞き入ってくれますね。以前、授業が成立しないクラスを担任した時、お母さん方が「私たちにも何かできることを」と学年の取り組みとして、有志で当番を決め、毎週木曜日に本の読み聞かせに来てくださいました。飛び出している子どもたちも、読み聞かせが始まるとしーんとして、次どうなるんだろうと、ことばひとつ聞き漏らさないように聞き入っているんです。あるお母さんに、「先生、荒れているって評判だったけど、みんな聞いてくれてすごくうれしかった。先生もきっとクラスを落ち着かせることができるから、がんばって！」なんて励ましてもらったことがあります。

逃げる子に持たせる校長先生への手紙

篠崎　話が読書の方に逸れましたが、さっき村瀬さんから「逃げるのは追いかけてもらいたいから」という話がありました。その通りなんです。子どもはこちらの反応を試している。それに過剰に対応していると、いつも逃げれば先生は来てくれるということを学習してしまう。たしかにこちらとしても気になるので、心情的には追いかけたい。そういうケースの時、担任の立場からはなかなか言い出せないので、管理職とか、コーディネーターの人とかが、「先生はここにいなさい。私たちが逃げた子を探しますから」と言ってくれると助かるんですよね。

私は逃げる子にはよく手紙を持たせました。「校長先生にお手紙です」。校長先生が手紙を開くと、「校長室でしばらく預かってください」とか、「遊んであげてください」とか。それを見て校長先生、「おーおー」と言って、将棋の相手をしてくれたり、パソコンを教えてくれたりする。

あるいは、「隣のクラスにこれ、届けて！」とか、教務の先生に「もし配る物があったら連れて行ってください」とか、保健の先生に「見張りに雇ってください」だとか。でもそういうのを聞くと、他のクラスでも「うちも、うちも」ということになって、「保健室だって大変なんだから、もうやめて！」って言いながらも、養護（保健）の先生がしっかりサポートしてくださる。ありがたいですよね。でも、人手がほしい。

村瀬　担任一人でなく、たくさんの目で子どもを見守るということが大切ですよね。職員朝礼で私が意識的にすることは、そういう困難を抱える子どもたちのことを報告することなんです。朝の連絡って事務連絡が多いんですが、「今子どもがこんな状況で」とか、「飛び出して行く子がいるんで職員室で協力してください」とか。困っていることはもちろん、良かったことの報告もします。愛着障害があるかっちゃん（68頁〜参照）が初めて絵を描いた時なんか、「これ、入学して初めて描いた絵です」と言ったら、先生たちから「おーっ！」という声があがった。「しばらくここに貼っておきますから、機会があれば子どもたちに話してやってください」と。

運動会の時なんかも、「この種目は個人に順位をつけるので、評価で傷ついているかっちゃんは出ないと思います」とか、「開会式に参加しないので、今日はカメラ係として、一番後ろでうろうろしていますが、その場所まで行く練習です」とか。そのように断っておけば、その子の様子や課題が職員みんなに見えます。「なんであんなことしてるの？」とはなりません。

篠崎　朝の打ち合わせは、本来はそうあるべきですよね。

村瀬　今は、パソコンで連絡を済ませる学校もあるしね。

篠崎　昔、雑談の中で先輩から教わったことですが、「お互いに学んで複数で取り組んでいくという体制をつくらないと、一人ではとてもやっていけない。すぐれた教師ほど人の力を借りる」って。困難を抱えてる子どもなんかがいたら、そうせざるを得ないですよね。

コラム 「感覚過敏」の子どもたちと指導の工夫

感覚過敏の子どもたちの中には、日常生活の中で「こんなことに辛い思いをしている」ということがたくさんある。「ビックリ」して、それが「ショック」になってパニックになる子もいる。「痛い」「耐えられない」といった感覚になると、教室を飛び出すこともある。教師や周りの子どもたちの理解や協力、配慮で軽減できることも多い。ここでは、発達障害による特性も合わせて記しておく。

1 音・におい

■○をつける赤ペンの音→その子の前ではマルつけをしない。ボールペンにする。
■金属のふれあう音→みんなに音について、協力を求める。
■突然の音やクシャミの音→クシャミの前に、机を2～3回コンコンと鳴らす。
■集団のざわざわした音→時々その場に居られなくなる子もいる。→一人で過ごせる静かな居場所を用意する。
■大きな音、曲になっていない音、リコーダーのたくさんの音→耳を押さえたり、泣き出す子もいる。→一人か二人で練習できる場所・時間をつくる。
■化粧や香水、タバコ、口臭など→嫌な顔をし、「臭い」「化け物みたい」など、平気で大人に指摘したりする。→この感覚は理解してあげたい。しかし、マナーとしての表現方法を教えることも大切。「歯茎を出して迫ってくるおばさん」「だみ声」も苦手だそうだ。
■学校内のいろいろな音→AD／HD傾向の子どもたちは、教師の話以外の音を同じ強さで感じ、反応してしまう。違う校舎の音、鳥の鳴き声、入ってきた虫、紙のめくれる音、椅子の動く音など。→少しでも音を軽減する。（逆に、音や声を出し続けないと落ち着かない子もいる。）机上の音のしないプニュプニュ人形を触らせたりする。

2 感触

■締め付ける肌着、靴下→寒がりでも、靴下や上靴を脱いでしまう子がいる。靴下が「噛みつく」と言う。だから裸で寝る子もいる。→ゆったりしたものにする。ふわふわの毛布などは好きだったりする。好きな感触の小さい物を用意して、クールダウンに利用できる。
■Tシャツなどのラベル→「チクチクする」。→はさみで切り取る。毛糸のセーター。→「毛虫が這っているようだ」→着ない
■冬の冷たい水の手洗い→水道で無理に洗わせるとパニックになる子もいる。→温水や手拭タオルにする。
■プールのシャワー→雨も「体にささる」。「プールは足がなくなる（見えない）」。シャワーは「痛い」という子もいる。→ホースで。

3 そのほかの感覚

■大きい集団や学校の雰囲気→動きが海の波に見えて怖い。学校が「燃えている」「戦争している」ように見えることも。集会や運動会の行進など、動いている大勢の集団には参加しにくい。→止まってから参加。早めに離れてOKとする。

■振り返るみんなの目→目が怖い子は、部屋に入れなかったり、相手の目をねらったりする。→目を合わせることを強要しないこと。

■突然、触られること→心を許していないと受け入れられない子もいる。→予告してから触る。背中、肩をそっとなでる。ポン、ドンはダメ。

■味覚→受け入れられる味覚が少ない。偏食が多く見られる。無理強いするともどしたり、他の物まで食べなくなったり、パニックになることもある。→苦手なものは一～二口からスタート。おかわりできるようにして、成功感をもたせる。

■理解できない行事や行動→体験していないとイメージできないので、「無理」「やだ」と言う。失敗が怖い。一度体験していても、記憶していないと同じ。→ゲームなどは、一回目は見ていて、途中で入ることも可とする。イメージできるように提示する。

■突然の変更→どうしていいかわからなくなる。→一日の流れ、一時間の授業内容、変更の予告をていねいに。「ここまでできたら終わり」をはっきり提示する。「終わり」が大事。

■温度→人より寒がりだったり、暑がりだったりする。28度以上16度以下で苦しみ出す子もいた。→天候、温度などとの関係をよく観察しておく。体育の服装、シャワーの温度など、特別に配慮する。

■タイムスリップ・フラッシュバック→アスペルガー症候群の子どもたちの中には、過去のことが突然、今起こっているように感じることがある。→誰かに向かって「わけもなく、突然キレて襲いかかる」などの行為の中にはこうしたものがあることを理解しておきたい。必ずわけがある。

■こだわりの強さ→自閉スペクトラムの子どもの中には、こだわりの強い子が多い。感覚にこだわったり、物にこだわったり。練り消しや小さいものを〝心の杖〟として持っている時もある。→取り上げるのではなく、「クラブ」や「友の会」にする方法がある。せかされることも苦手。

■ボディーイメージの弱さ→見えないものをイメージしにくく、自分の背中や足がどこにあるか朝、確かめてから起きる子もいる。→スカートは足を確かめにくいので、はかない子もいる。

■逆に、痛みや感覚がとてもにぶい場合もある。（寒くても平気、痛みに鈍感など）。

（村瀬記）

第Ⅳ章

困難を抱えている子のニーズが学校を変える

教師が変わらざるを得なくなるとき

篠崎　前の章の終わりで、「すぐれた教師ほど人の力を借りる」と言いましたが、そのことを教えてくれたベテランの先生がいました。その先生の学級がある年、ぐちゃぐちゃになってどうにもならなくなったんです。その先生は市内の学校で何回も研究発表なんかしてるような力のある人で、彼は自分のやり方がどんな子にも通じると長年信じてきた。ところが、それが初めて裏切られたというか、挫折したんです。例えば、研究授業なんかやっても子どもが教室に帰ってこない。発達障害の子が何人もいますから。それで初めて職員会議で大変だということを言わざるを得なくなったんです。

どういうふうにしたかというと、クラスが大変なことを学年の先生たちから管理職にまで率直に話して、仕事の分担をしたんです。校長先生はこの子の係り、教頭先生はこの子の係り……と、学校全体を組織しました。彼はこれまでそういうことは絶対にしない人でした。自分で全てできたから。そのカリスマ先生が「僕にはできません！」と言ってくれたことで、みんながすごく楽になったんです。「通りすがりの誰でもいい、助けてほしい」というので、それまですごくガードが固かったその教室にも入りやすくなったし、結果的にみんなが支援し、お母さんたちも社会見学なんかに大勢応援に来てくれて、その後にあった研究授業では子どもたちの発表がすごく良かったんです。

これって、子どもの実態によって教師が変わらざるを得ない、つまり子どもが先生を変えていっているというか、結果として子どもが学校を変えていったとも言えるわけですよね。

運動会の行進は波みたいに見えて怖い！

村瀬　確かにそういう面がありますね。先ほど話した真琴は、みんなといっしょにさせられることにとても抵抗があって、「何でみんなと同じことをしなくちゃならないの？」と言う。そういうふうに異議申し立てをされると、どうして今までの子どもたちにはあの方法でやってこられたんだろうと、これまでの自分の指導方法を振り返らざるを得ない。学級全員での遊びなんか、真琴は嫌だと言うし、ドッジボールなんかも、「私はボールを人より痛く感じるから嫌だ、外から投げるだけでいい」とか。彼女は、そういうふうに少しずつ自己主張ができるようになってきたんです。

まだ彼女が一年生だった時、運動会の行進練習に出ないので「どうして出ないの？」と

聞いたら、「広いところに同じ格好をした人がわあーっと入ってくると、それが波みたいに思えて、私がそこへ行くことは、海の中に飛び込むということだから、怖くてできない。並び終わったら行ける、行進が止まったら大丈夫」と言うんです。

それを聞いて反省したんです。これまで「障害のある子たちをどう見るか」と考えることはあっても、彼女たちにとって学級や教師がどう見えるかというのはあまり聞いたことがなかった。だからそれからは、「このことがあなたにはどう見えているの?」と彼女を通して聞くようになりました。

篠崎　その「波に見える」という話は、私も前に村瀬さんから聞いていたんで、助かったことがあるんです。先に、プリントなんかを丸めて投げる子の話をしましたが、その子は寝坊するからちょっと遅れて来ることが多いんです。すると、ちょうど朝の会が終わって、みんなが体育館からどーっと出てくる。それを見ると、足が動かない。行こうと思ってるんだけど、足が出なくなっているのがわかったので、「ユウさん、怖いの？」と言ったら、「怖い……」「何みたいに見えるの？」と聞いたら「海」って言うんです。「あ、同じだ！」、多分、村瀬さんからその話を聞いてなかったら、無理やり引っ張って「行こう！」と言ってたと思うんです。

人の集団が波のように見える、感じられるというんだから、さあ入ろうと、いくらやさしく言ってもだめだったわけです。「怖いんだ」とわかったから、「わかった！　じゃあ、みんな行って静かになってから入ろう」と言ってあげることができた。しばらく待って校内に入ったら彼、「よかったー」って言ったんです。

村瀬　それは、聞かないとわからなかったことですよね。また真琴の例ですが、真琴は音楽が好きなんです。リコーダーの音も一人二人ならいいけれど、四〇人が一斉に吹くのは嫌だと言う。もともとリコーダーというのは二、三人で吹くもので、日本の音楽教育で四〇人が一斉に吹いているのを見て、外国の人はビックリするらしいですね。真琴も、「先生は大勢できれいな音が揃うのがいいと思っているようだけど、私は全然そうは思わない。リコーダーは、一人か二人で吹く方がいい。とくに練習している時のピーピーいう音がすごく苦しいから、ときどき静かな場所に行きたくなるし、音のしないところや人の声が聞こえないところに行くと落ち着く」と言う。

それを聞いて、ああ、そうなんだな、そういう感覚って大事だし、他の子にも必要なんじゃないかと思って、少人数で吹かせるようにしたり、シーンとした場面をつくったりといった工夫をしてみました。それで音（音楽）を楽しむようになりました。つまり、困難を抱えている子の異議申し立てをきっかけに自分の実践を問い直すということがすごくたくさんありました。

発達障害の子たちに通用しない画一的な指導法

村瀬　学習に関しても、真琴は、算数とか国語は教室で一時間授業を受けるのに耐えられないから、そういう時は隣の空き教室に避難する。私もそこに行って一対一で対応するんですが、その真琴がこんなふうに言うんです。

「私、漢字って嫌いなのよね。何で先生って、何回も書かせるの？　私は一回で覚えられるのに」

彼女は漢字は一回で覚えられるし、書ける。ただ筆順が苦手なんです。「一字ずつ練習するのに、書き順も全部書けって言うのよ」と不満を漏らします。

篠崎　筆順を正しく書けというのは、この子たちには難しいんですよね。「明るい」という字を「お日様に明るい」ということで覚える子もいれば、部分的に「日」と「月」で覚えるのがいいという子もいる。そうかと思えば全体的に何となく覚える子もいるし、書き順通りきちんと、一文字ずつという子もいる。

考えてみると、これまで教師って、筆順どおりきちっと教えることをやってきたけど、今は発達障害の子たちのことがここまでわかってきたのだから、いろんなやり方で教えたりしていいんじゃないかと思いますけどね。

村瀬　そうなんです。高機能の自閉症のタイプの子は、順序より形で記憶する傾向が強いですからね。それで、担任の先生に、「真琴の場合は漢字は何回も書かなくていい。書き順はパス。新しく覚える字が書けたらいいということにしたら」とアドバイスして、個別の課題設定をしたんです。そういうことを最も困難な子にしていくと、それ以外のおとなしい、勉強の苦手な子だとか、耳で聞くのが困難な子だとか、板書を写すのが苦手な子だとか、そういう子たちに合った柔軟な新しい指導法を編み出していけると思います。

しかも、真琴は、先生が黒板に書いたことをただ写すのは意味ないと思っている。「黒板をただノートに写すだけなら、デジカメで撮って貼っておけばいいのよ」って言う。視写は大事だけど、確かに一理ありますよね。ということは、何でもかんでも写せという教師の方が問い直されているということですね。板書も工夫がいるわけです。

篠崎　そうなんです。発達障害のある子たちの場合、文字を見て意味は理解してるんだけれど、それを形にして書くというところがダメだったり、不器用なので細かいところが再生できなかったり、黒板に書いてあるのは読めるんだけれど、それをノートに書こうとすると、記憶がとぎれるのか、何回も見なければならない。そういう子には、お手本を机の上の、ノートの脇に置くようにしています。そうすれば見て写せますから。ただ、大きさのバランスがとれなかったり、形がとれなかったりとか、いろいろですね。

村瀬　漢字を書けない子に、八画のうち二画目まで書いておくとどうかなと思って書いておくと、その二画だけなぞってある。やっぱり写せないんです。そういう子には真っ白でいるより、なぞってでもマルをもらったら、ちょっとでもやる気になるかなと思って、なぞるようにしておいて、マルをあげるんです。とても喜びます。×をいっぱいもらって山ほどお直しするのって、辛いですからね。

　この子たちの場合、あれもできない、これも失敗したということがあるので、ずーっと不安感にさいなまれているんです。自己評価がとても低い。だからハードルを下げて、これだったらできるということを示してあげると達成感が持てるし、先が見えるとがんばれるんです。そういう提示の仕方をこの子たちから学びましたね。

「甘やかし」ととらえるのでなく、今は「途中の段階」

村瀬　ただそういうことは、前にも述べましたが、保護者やまわりの子とどう折り合いをつけていくか、まわりの子どもたちが納得しないとダメなんですよ。そこが割と抜けるのね。例えば教室を飛び出す子を追いかける時なんかも、まわりの子に理解を求めないと、「なんであいつだけ」となって、「あいつが飛び出すならオレも」ということで、たちまち学級が荒れていく。子どもたちとどう合意をつくっていくかということが大事な課題ですね。

真琴に関して言えば、画一的なこと、退屈なことに耐えられない。運動会でダンスの練習をしてる時も、ダンスはすごく好きなのに、もう一回はじめからやるなんて言うと、キレて砂を投げたり、バーッとその場を飛び出したりする。どうしてか聞くと、「私はもう踊れてる。それなのに何でもう一回するのか。その理由をあの先生は言わない」って言うんです。相手に対して言葉を選ばないから、思ったことは全部言う。「あの先生は教えるのが下手」とか、「三回もやらせて、わけがわからない」とか、「私は退屈なのは嫌！」とか。計算なんかも、「私は一問見たらわかるのに、なんで一〇問も二〇問もやらなきゃいけないのか」って。

「そういう時は、『先生、私は一問でいいですか』とか、『五番までいいですか』と先生に言って、ちゃんと契約していけばいいんだよ」って教えるんです。そのことを担任の先生にも伝えて、実際そうしてみたら、とても本人は落ち着いたと言う。真琴はとにかく書くことが嫌だから、嫌になったら出て行こうとする。それでトラブルになってしまうんです。

ですから職員に対しても、「こういうことが彼女にはこう感じられるので、よけいなストレスをかけないように配慮してあげたい」ということで了解をとっておくんです。だから真琴の場合、辛いと思った時は先に抜けることも許されるし、最後に入って一番に抜けるとか、できる範囲での参加形態でいいということになっている。

でも、そうしているうちに徐々に慣れていくんです。実際、真琴は今は、列から離れてなら集会にも参加できるようになっています。

篠崎　それを甘やかしという人もいるんだけど、救いは、子どもってそのままではいない。今は寝ころんでいるけれど、やがてきちんと机に向かえるようになる。いつかはできるようになる時がくる。今はそれへの〝途中の段階〟ととらえればいいと思うんですね。

「和室憲法」と「ランチルーム憲法」

篠崎　これは、発達障害のケースではないんですが、ダメだダメだって言われてる子どもたちがこんなことができたという話として聞いてください。前の学校で荒れたクラスを持った時のことです。喜多郎という子が突然、ランチをお代わりしながら「豪華な和室で算数やりてーなー」って言ったんです。荒れてるクラスだったからカーテンはちぎれてるし、掃除ロッカーだってドアがないからすぐに出せる。そんなクラスに和室なんか使わせてくれるはずがないって、私は言ったんです。

そしたら、その話を聞きつけた班長会と有志も「和室で算数をやったら、今より授業もできるかもしれない」ということで動き始め、「和室憲法」というのをつくったんです。その「憲法」とは――

①手いたずらや話をしないで、先生の話を聞く。
②席を立たない。どうしても立ちたい時は手をあげる。
③誰かが発言している時は聞く。言いたくなったら手をあげるか、立って待っている。

村瀬　「憲法」という発想がすごいですね。子どもたちの独自の発想ですか？　それと

も篠崎さんの方から何かアドバイスをされたんですか？

篠崎　はい、日本国憲法の話を四月にしました。みんなが少しずつ努力して、幸せになるすてきなもので、みんなで話し合って決めていくものだと話しました。それにヒントを得たのだと思いますが、子どもたちは、自分たちでつくったその「憲法」の下にサインし、校長室へお願いに行きました。現状ではとても守れないものを決めたので、私は、校長先生が許すはずがないとタカをくくっていたんですが、「障子紙が破れたらどうするんですか」という校長先生の質問に、「百円ショップに障子紙が売っているから、それを買って自分たちが張り直します」と即座に答えたのが気に入って、許可してくださった。

でも、私はかなり心配でした。和室がメチャメチャになったらどうしようと。でも、子どもたちは「大人って、子どもが一生懸命話すと信じてくれるんだ」と言って感激して、「約束はちゃんと守ろう、そうでないと次に使いたい時、使えなくなるから」と、高価な掛け軸や花瓶は事前に教頭先生に預けて、そこに折りたたみの長机を並べて、立ち歩きもなく、和室での算数の授業が成立したんです。

私は、「憲法がすばらしい。決めたことはみんなで守るということがきみたち、できるんだ」とほめたんですが、本当は足がしびれて動けなかったということもあったらしいです（笑）。それに味をしめて、子どもたちは今度は夏、教室が暑くなると、「ランチルーム憲法」というのをつくったんです。ランチルームはクーラー付きで座りやすい椅子があり、水道がついていて、水も飲める。そこできちんと決まりをつくって授業することになったら、いつもエスケープしている暴れん坊たちもやって来るようになりました。

それを見て、当然、他のクラスから「あのクラスだけズルイ」という声が上がってくる。それで職員会議でも話し合って、①カギの管理。②使った後の始末・整頓。③予定表に書き込んでおく、などの決まりを決めました。そんなふうに学校の中の特別な部屋が子どもたちに開放されていったのを見て、荒れたクラスとはいえ、これって子どもたちの力なんだなあって思いました。

村瀬　子どもたちのつぶやき（夢）を察知して、すぐに組織していますね。しかも、その取り組みに約束ごとをつくって、自分たちで規律を守っていかせる、自治を育てるというのが、生活指導教師のすぐれたところですよね。管理的な教師だと、「オレが見守っている間だけ」というようなやり方で終わってしまいがちなのですが、それでは子どもの中に何も育たない。班や班長会、気持ちをわかってくれる子、課題のある当事者が関係性を問い直したり、出会い直しをしたりしながら集団として育っていく。そこが、指導のポイントですね。まさに子どもたちのニーズが学校を変えたという実践だと思います。

風太のお父さんの心に染み入る話

篠崎　「和室憲法」と「ランチルーム憲法」に取り組んだこのクラスは、その後も荒れが完全になくなったわけではないんですが、一方で、一年と四年で、学級内クラブをやってたんです。一年生は生活の時間、四年生は総合の時間を使ってドッジボールをしたり、サッカーをしたり、シャボン玉クラブをやったり。日頃荒れて大変な彼らなんですが、一年生を前にすると、けっこういい役割を果たしてくれる。その学級内クラブの一つ、ダンスクラブで発表会をしたんです。私なんかとても踊れないラップ系のダンスを小さい子と大きい子がいっしょに踊る。やがてこれが全校に広がって児童会の行事になっていったんですが、その中で、ダンスのリーダー役が暴れ組の中心の太陽という子（86頁〜参照）でした。彼はダンスが好きだから当然、真ん中で踊りたい。ところが、この彼が、次第にその場所を他の子に譲っていくようになるんです。その一人が支援学級の風太でした。

風太は自閉症で、みんなにからかわれたりしたこともあったそうなんですが、その風太のお父さんが三年生の時、みんなの前ですばらしい授業をしてくれたんです。そのお話というのは――

《風太は生まれた時から抱くこともできないし、食べ物も受け付けない子だった。どこかへ連れて行ってもわんわん泣くばかりで、まわりの人から「なんでそんなに泣かせておくの」みたいな目で見られて、とても辛い思いをしたこともあった。

でも、生まれた時は、どの子もみんな同じで、自分一人では何にもできない。しかしその一つひとつができるようになっていった時、みんなのお父さんやお母さんはとても喜んだと思うけど、おじさんも同じで、風太は六歳になってやっと一人でご飯を食べられるようになった。その時は、おじさんもおばさんも本当にうれしかった。

風太の病気は自閉症といって、今の医学ではもう治らないと言われていて、おじさんもそれは覚悟してるけど、でももしかして医学が進んで、いつか治るようになるかも知れな

いというのぞみは捨てていない。だから今、一生懸命子育てをしている。》
お父さんはそんなふうに話しながら、実は三年生になってすごくうれしかったことがいっぱいあったって言うのね。それは、風太がシャボン玉クラブに入ったんだけれど、シャボン玉が吹けない。飲んでしまったらどうしようということで、みんなが一生懸命考えてくれた。「風ちゃんだけ砂糖水にして飲んでも大丈夫なようにしようか」なんていう意見が出る中、誰かが「息を吸ったら、次は絶対吐くしかないから、風ちゃんが息を吸ったら、すぐにこのストローを口に持っていってあげる。そうすれば吹くだけだから石けん水で大丈夫！」と言ってくれたって。で、お父さんは続けて、
《……その日、ちょうど僕が風太を迎えに行ったら、みんなが寄ってきてくれて、「おじさん、おじさん、今日、風ちゃん、シャボン玉ができたんだよ」「すごくきれいだったんだよ」って弾んだ声で教えてくれた。それからダンスクラブにも入って、風太はでんぐり返しくらいしかできないんだけど、でもうれしくて顔は笑っている。その風太が踊りやすいように、太陽くんたちはフロアをあけてくれたり、いっしょに「おいもごろごろ」なんかをやって楽しんでくれたという。そういうお話を支援学級の先生から聞いて、おじさんは本当にうれしかった。
風太はまだ字を読んだり書いたりはできないし、何かあると髪の毛をむしるくせがあっ

て、おつむのところが抜けてはげているんだけど、どうか笑わないでほしい。おじさんは早くこの癖がなくなってほしいと思っている。風太はきっと、このおじさんやおばさんのところを選んで生まれてきてくれたような気もしている。みなさん、これからも風太と仲良くしてやってくださいね。》

「荒れたクラス」も捨てたもんじゃない

篠崎　この時の学級はネグレクトや経済的に恵まれなかったり、保護者の病気などさまざまな家庭の子どもたちでした。それだけにこの風太のお父さんの話は深く胸に刺さったと思うんです。終えたあと「風ちゃんが笑う時、まわりが春って感じなんだけど、お父さんやお母さんが風ちゃんのことを大切に思っていることを風ちゃんはわかっているからかな」といった感想を書いているんですが、おそらく自分の境遇にだぶらせて聞いていた子どももいたと思います。

この後、荒れている子どもたちも含め、大人になってどんなふうに生きていったらいいのか、まっとうに生きている「大人の生き方のモデル」を見せたいという思いもあって、親が働いているところをグループで訪ねる取り組みをしたり、「地域の達人をさがそう」

キャンペーンでお豆腐屋さんだとか、地域のお風呂屋さんだとかをグループで訪問する取り組みをしたりしました。

さらに、低学力で掛け算九九もあやしいので、放課後の学習会なんかもやったんですが、その時、勉強そっちのけで、残った子どもたちが何を話していたかというと、別れた父ちゃん、母ちゃんの自慢話をしてるんです。別れたお父さん、お母さんに会える日のことだとか、「今、会えないんだけど、お父さんって、おじいちゃんの代からのとび職だったんだ。お母さんも女のとび職」とか。中には、「言っちゃおうかな。オレ、この前、学校早引けしただろう。あん時、実は別れた父ちゃんとオレで、温泉行ったんだ」とか、「あたしも黙っていたけど、パパと年に一回会ってどこかに連れてってもらうんだ。今年はディズニーシーらしい。メールきてた。ママのとこ」とか。

別れた父ちゃん、母ちゃんの自慢大会みたいなんです。どうしてかなあと思ったら、家ではそういう話はできないんですって。今の新しいお父さんがいたり、口にするとお母さんが悲しむとか、おじいちゃんおばあちゃんも嫌がったりするからって。別れててもやっぱりお父さんは好きで、できたらお母さんにも戻ってきてもらいたいとか、そんな話をしているのね。

その一方、そんな学級にも一人くらい、誰もがうらやむ超エリートの子がいるんですが、

今会えないんだけどお父さんはとび職だったんだ
おれ この前学校早引けして別れた父ちゃんと温泉行ったんだ
あたしもパパと年に一回会ってどっかに連れてってもらう
今度はディズニーシー
いいなあお母さんがひとりで……
何がいいんだよ
そんなふうに言われたくねえよ
だって、うちなんかテストママが見てママのおじいちゃんおばあちゃんが見てパパが帰ってきて見て……
そのあと宅急便でパパのおじいちゃんおばあちゃんに送って…
……
……
大変なんだ…

その子が彼らの話を聞きながら、「いいなあ、お母さんが一人で」なんてつぶやいてるんです。

「何がいいんだよ。そんなふうに言われたくねえよ」

「だって、うちなんかママがテスト見るでしょ。ママのおじいちゃんおばあちゃんが一緒にいるから、見るでしょ。パパが帰っ来て見るでしょ。そのあと、宅急便でパパの方のおじいちゃんおばあちゃんに送るんだよ」

彼女は一人っ子で、他に一人もいとこがいない。つまり両方の祖父母にとってたった一人の孫なんです。それで全員のところにテストが回ったあと、通っている塾とかが変わるというんです。つまり彼女が一家の〝期待の星〟なんです。

それを聞いて、みんなが、「ふうん、なかなか大変なんだなー」って、顔を見つめ合ったりしている。家族とはまた違って、きょうだいみたいな感じ！　発端は「荒れたクラス」だったからなんですが、そこそこにいいクラスだったらこんな光景が生まれただろうかと考えると、何が子どもたちにとって幸いかというのはわからないなと改めて思いました。

運動会で「叱らなくてもうまくいく方法」

村瀬　本当に、そうですね。そういう意味でも私たちは、困難を抱えている子どもたちから気づかされることが多いし、これまでやってきたことを問い直されることってとても多いですね。

これは、運動会の話なんですが、小学校の運動会というのは、先生が主導で演じるものを計画し、仕上げていくことが多いんですが、その中で支援が必要な子には別の先生がついて一緒に踊ったり、省略したものを演じさせたりするというのが一般的じゃないかなと思います。

私の学校も、何も話さなかったら当然そういう流れになったと思うのですが、その年、私のクラスには並ぶだけでもパニックを起こすかっちゃんがいて、隣のクラスにはものすごく多動なしんちゃんという子がいました。彼らを整列させて入場し、難しいことをやらせたら、どう考えても叱り続ける指導にしかならない。それではせっかくの取り組みに成功感が得られないので、会議でこんな提案をしてみたんです。

「入場や退場について、並んで整然と行進するんでなく、これまで音楽の時間や遊びでやってきたことを取り入れて、子どもたちが本当に楽しんで出来ることをやったらどうでしょう」

出し物は二学年が合同で行うので、二つの学年の先生たちが集まっているんですが、みんな若い先生たちで、「ええっ！　それってどういうこと？」と驚かれたんです。

「例えば入場の時、全員が並んで行進曲に合わせて入るんではなく、これまでやってきた『トンボのめがね』なんかで、ピアノに合わせてつま先立って走って入場し、音楽が『♪と～んだ～か～ら～チャチャチャ』というところでパッと止まって、バランス。そんなふうにしたら、はじめから並ばなくてもいいし、水平バランスで止まるのは、多動の子は自分の体のコントロールにもなるし、日頃学校に過剰適応している硬い子たちも開放するきっかけになるんじゃない？」

そう言ったら、「あー、そういうやり方もあったのかー」と言って、みんなすごく乗ってきてくれたの。それでさっそく、「じゃあ、どんなのにしましょうか」というんで、「なべなべ底ぬけなんかもどう?」「♪なべなべ底ぬけ、底がぬけたらまわりましょ」をまず二人でやって、三人、四人と増やして、大勢になったらトンネルをつくって裏返しになったり。途中で学級ごとの創作を入れるのもいいかもしれない。活躍出来る子はダンスリーダーにして……などと打ち合わせをしたら、夏休み明け、担当の先生が本当に素晴らしい振り付けをつくってきてくれたんです。

その中味は、やっぱり入場は「トンボのめがね」で、好きなスピードで走って入場し、「♪と〜んだ〜か〜ら〜」でピッと止まる。二学年で四クラスあるんだけど、だいたいこのあたりでにぎやかにやるとか、観客に向かってパフォーマンスするとか、振りでなく、ポーズを取ってじっとしてるのもカッコいいとか、とにかく子どもたちが自由に演じられるものに仕上げられていたんです。

そうしたら、普通の集会では走り回って並ばない多動のしんちゃんなんかもう大喜びで、最初「おっとっとっと」と体がグラグラしてたのが、「トンボ」でピッと止まれるようになって、本番ではめっちゃきれいに「トンボ」をやって、お母さんにものすごくほめられてもう鼻高々!

「運動会には出ないでください」と通告されて

篠崎　うちの場合も同じです。練習計画を立てて並ばせるところからやると、並ばせるだけで一時間かかる。だからそういうのはやめようということで、出たとこ勝負のどれが完成かわからないというものにしたんです（笑）。やるものもそれぞれのグループにまかされていて、その中味が練習のたびに違ったりする（笑）。そういうものに踏み切れたのは、子どもの実態から、一斉に揃えるものは無理というのが教師たちみんなにわかっていたから。それで腹をくくれたんだと思うんです。

具体的に何をやったかというと、ボール、短縄、大縄、一輪車、リボン、リング（輪）の中からそれぞれ好きなものを選んで演技する。次に、一輪車と縄跳びのコラボ、ボールと縄跳びのコラボなど二つずつセットでやって、最後にまた独自の演技で全体の締め。学年は三、四年で、その時のうちのクラスは、例の「和室憲法」と「ランチルーム憲法」をつくったクラスで、グチャグチャに荒れてたから、練習でもケンカはする、ボールを持てば誰かを集中攻撃する、短縄があれば人の首を絞める、もうメチャクチャだったんです。

それで、いよいよ明日が本番という時、三、四時間目が練習だったんですが、その練習

このクラスは明日の運動会出ないでください
どうしよう……
お父さんに「なんで出ないんだ」って言われる
別れた母さんも見に来るのに……
クラスとしての約束事を決めよう
その上でもう一回練習を見てもらおう

の冒頭に四年生の実行委員会がうちのクラスに対して「明日、出ないでください」って言ってきたんです。がまんも限界だったんでしょうね。

「運動会に出ないでください」と言われて、さすがにみんな弱りました。運動会は別れた父さん母さんも来てくれる一大イベントなのに、自分のクラスだけ出なかったら、「何で出ないんだ」と言われるに決まっている。

校庭に座り込んですぐ学級会が始まりました。縄グループの太陽に対して、「松ちゃんを縄で縛ったりするから」など非難が集中し、あわや殴り合いになろうとした時、舞子が「ちがう！　太陽は風ちゃんが縄跳びできないから、松ちゃんと二人で縄を持って自分たちが動いて、飛ぶ練習させてたよ。そん時、松ちゃんがふざけてた」と言いました。太陽は初めてみんなの前で泣き、謝ることができました。

それから「注意は笑顔でやさしく言う」という決まりをつくり、実行委員会に練習を見てもらいました。

村瀬　それで当日は？

篠崎　もうバッチリ！　この子たちは絶対本番に強いから、もう今まで見たこともないような見事なパフォーマンスをやりきりました。バック転宙返りをずーっとやるとか、ホーッ、やるなあという感じですよ。そういうスタイルの運動会は三回やりましたが、どの年も当日が一番素晴らしかった。

村瀬　それは子どもの要求に合ったことをやってるからですよね。

篠崎　そうそう、やりたいことだから。

村瀬　やりたくないことをやらされたら、絶対そうはならないよね。

篠崎　何人かの子は泣いちゃったり、入場門のところでしがみついて絶対いや、出ないっていう場面がありますが、できない自分がわかるからでしょうか。

村瀬　うちの場合も、とにかく教則本に載っているようなダンスにしなかったのが良かったんです。四回やるところを子どもの実態から考えて二回にしようとか、ここは逆にスローモーションにしようとか。これまでやってきたことだから教師も楽だし、子どももも育つ。

まさに「困難を抱えている子のニーズが学校を変える」ですよね。

第V章

悩んでいるお母さん と手をつないで

完璧に〝いい子〟を演じてきた麗子

村瀬　前の章で、篠崎さんが、恵まれすぎている子の話をされていましたが、うちにも同じような子がいました。何をやっても良くできる子なの。フルートをやると賞をとるし、ピアノをやると、上手だから特進コースに入る。絵もうまい。字なんか私より上手で、習字なんか習ったら級がタタタタッと上に行く。もちろんスポーツもできる。学校には真っ白のヒラヒラのワンピース、髪に大きなリボンをして来るんです。家に行ってビックリしたんですが、家具が真っ白なの。お星様スープだとか、エンゼルカレーだとか、お母さんに自分のやりたいイメージがあるわけ。一年に何回か、ドレスを着てテーブルマナーも習うんです。まさに「プリンセス麗子」という雰囲気でした。

この子は、前に書いた高機能ＰＤＤの真琴と同じクラスだったんですが、真琴は一見わがまま、我慢できないと教室を飛び出したり、ものを蹴飛ばしたりして、好き勝手にしているように見える。それを見て、麗子はどこかでうらやましいという思いを持っていたんでしょうね。一方、真琴はアイドルみたいな麗子に憧れてたので、いつの間にか友だちになりました。

私は休み時間によく「ごっこ遊び」をやるんです。高機能ＰＤＤの子は対人関係が一方的で、相互的な関係が築きにくいし、想像力や創造性に乏しいという特質があります。そのため、「ごっこ遊び」の苦手な子が多いんです。そこで、真琴のことを念頭に、意識的に「ごっこ遊び」を取り入れていました。みんなが休み時間、パーッと遊びに行ったりする時、うろうろして教室に残ってしまう子がいるので、その子たちも「ごっこ遊び」に誘います。真琴はいつも「店長」「王女」「先生」をやりたがりました。

ある時「プリンセスごっこ」をしていて、私が突然「魔女だー」と箒にまたがって走り回ったのね。そしたら、魔女の方がおもしろいということになって、麗子が魔女になって箒にまたがって走り回った。過剰適応の麗子を開放したかったんです。それをきっかけにすっかり「魔女ごっこ」にはまった麗子が、「一度でいいから、真琴みたいに好き勝手にしてみたい。私に真琴役をさせて」と言ったのね。そこで、真琴が先生役、麗子が真琴役の「学校ごっこ」をすることになりました。

先生役の真琴は、一生懸命勉強を教えるんだけど、真琴役の麗子は「やだ！」と言って出て行く。出て行って、廊下からガンガン、ドアを蹴飛ばす。それが真琴そっくりなの！

一方、真琴はどうしているかというと、ドアをあけて「いつでもいいから帰っておいで！」って、私がやってたのと同じことを言ってる（笑）。しかも「教室を勝手に出て行く子がいると、先生も大変だね」って（笑）。もうおかしくて、おかしくて。

それで麗子は、最初、椅子を思い切り蹴飛ばしておもしろがっていたんだけれど、そのうちだんだん辛くなってきた。「真琴はいいね」と言っていたのに、立場が変わることで「いいんではなくて、本当は真琴は辛いんだ」ということがわかってきたんです。でも一方、麗子の中には、真琴のように勝手放題やってみたいという自分があったことも確かで、いままで完璧に〝いい子〟を演じてきたけれど、もう限界、期待が大きすぎて少し壊れかかっていた。実際、ぐちゃぐちゃに字を書いたり、ゴミを前の席の子の方に捨てたり、突然どうでもいいような行動をとり出していたのね。だから自分くずしのチャンス。

その頃、私はお母さんといろいろ話していて、「もう危ないよ。このままいったら壊れるから、しばらく好きなようにさせた方がいい」と言っていた時期なんです。

「麗子さんは習い事なんかも全て完璧にできる。でもこのままいったら息がつまってしまう。アイドルじゃないんだから、服装なんかも本人の好きなものにさせて。小学生だって自分の自由な時間は必要なんだから、ホッとさせてあげる時間がないとダメだと思うよ」そう言ったら「わかりました」って。「お母さん、がまんできる？」って聞いたら、「がまんします。夫にも言って」ということだったんです。

その時、ふと「ドラえもん」の話を思い出したの。できないことの多いジャイアンやスネオやノビ太は一緒に冒険に行くんだけど、「できすぎくん」は決して連れて行ってもらえない。「できすぎくん」は一目置かれても、仲間に入れてもらえない。麗子は、そうなっちゃいけないって思ったんです。習い事におぼれている麗子を救いたかった。

「ハムスターの回し車だった」と言う麗子のお母さん

村瀬　それで、「がまんします」と言ったお母さんですが、これまで買い物に行ったらいつも自分の好みのものを買って与えていたのに、本人に選ばせるようにした。すると、だんだん服装が変わってきた。白いヒラヒラの洋服でなくパンツ。真琴みたいにパンツをはいて、アスレチックのてっぺんに登ってみたかったらしいんです。髪も切りたい。朝、髪をお母さんに整えてもらうのはうれしいんだけど、白いリボンをやってるのが嫌だったのね。

でも、お母さんにすれば、そんなことを考えているとは夢にも思わなかった。一時は何と、ショートカットに、短いパンツに画鋲や鎖のついたベルトをしめてやって来てました。でも、それもやがてボーイッシュな格好に落ち着いていったんですけど、劇的な変化を見せました。自分を壊してつくりかえていったという感じでしたね。

この時、お母さんが偉かったと思うんです。これは後で聞いたことですが、「実はあの頃、私も壊れそうだった」って。麗子はフルートが上手で、オーケストラにも入っていたんですが、その練習が土・日の二日間、朝から晩まで続く。ピアノなんかも指導がきびしいところに行っているので、間違ったりするとピシッと手を叩かれる。次第に麗子は家で荒れるようになって、自分で作った大好きな人形を壊したりするようになっていたんだそうです。それで、「先生の言う通りだ。今、先生の言うことを聞かないと、うちは壊れる」と思ったって言うんです。

それで、「麗子の好きなようにしていいよ。一番やりたいのは何？　無理しないでいいんだから」ということで、ピアノも優しい先生に戻して、服装も子どもが好きなようにさせる。そして「この日は自由に遊べる日」というのもつくった。それまでお母さんは、学校の行き帰りも何かあったらと不安で、毎朝夕送り迎えまでしていたんです。でも折良くというべきか、ちょうどお母さんが第二子を妊娠して、麗子だけに関わっている余裕がなくなってきた。それでお母さんの方の力が抜けたのね。

「先生、ハムスターの回し車ってあるでしょ。あれって、必死で走っているのにいつまでも同じところを走っていますよね。全然前に進めない。私もあんな感じでした。好きにさせて本当に良かったです」って。ずいぶん後で話してくれました。

篠崎　お母さんたちも、いいお母さんでなければならないということがすごくあって、知らず知らずのうちに自分自身を追い込んでいるというケースが多いですよね。

村瀬　そうなの。一方、真琴のお母さんですが、彼女もそれまで世間体もあって、娘のことを誰にも相談できずにきたし、私もあまり触れないようにしていたんです。高機能ＰＤＤの特徴をかなり持っていることは早くに気づいていたけれど、保護者が受け入れる状態ができるまではということと、特に、両親そろって同時に話をしたかったから。それで二学期の後半、「学校ごっこ」を機会に、「実は、今までこういうことがあったんですよ。こんなことで、真琴さんはストレスを感じて苦しんでます。真琴さんの特性を理解して、それに合った指導法を私も一緒に学びたいです。真琴さんのためにも専門機関で見てもらって、一緒にサポートしていきましょう」ということを話すことができました。

篠崎　病院への受診を進めるタイミングはとても難しいけど、子どもの苦しんでいる姿を事実を通して話し、前に進むために一緒にやっていきましょうという思いが伝われば、保護者も心を開いてくれますね。

村瀬　それに、今は、どこの医療機関も相談機関も予約でいっぱいで、早くて半年、長いと二年、三年待ちというのが当たり前になっているので、相談のルートも聞かれたら答えられるように準備しました。親だって、自分の子どもがどこかに障害があるかもしれないということはなかなか受け入れられないし、まして周囲の人たちに、自分の子どもがこんな診断を受けたということをなかなか切り出せない。でも真琴のお母さんは、今は公表してるんです。発達障害の学習会にも一緒に参加していますし、懇談会なんかでも、発達障害があるということで、逆に励ましてもらっている。そうすると、まわりの親の意識も変わってくるんです。

「学校あそび」と「ドラえもん病院」

村瀬　ついでに、真琴たちのことで紹介した「ごっこ遊び」ですが、高機能ＰＤＤの子には友だちとの関係をつくるような遊びがすごく大事だと思うんです。ボール運動なんかも苦手なんですが、そういうのは体育の時間にやればいいので、休み時間には「ごっこ遊び」をする中で、友だちとの交流の仕方を学ばせていきたい。それでネーミングなんかもできるだけ工夫して、今日の「ごっこ遊び」は「学校探検・世界旅行」だとか、おもしろそうなのをつけるんです。

「じゃあ、世界旅行に行ってきまーす！」で出発。真琴を先頭にみんなついて行って、真琴が変な格好をしたら、後ろからみんなでマネしようとか、真琴がそこで止まったら、いっしょに順々に片足ケンケンしようだとか、「でも、そんなふうにマネされても真琴は怒ってはだめだよ」と釘をさして。そしたら、その行列に他のクラスの子もついてきて、大勢でぞろぞろ学校探検をしておもしろかったとか……。そういう遊びをしながらコミュニケーションの仕方を学ばせたり、想像力を育てるということをやっています。

篠崎　いいですね。ネーミングのおもしろさ一つとっても子どもたちは乗ってきそうよね。

村瀬　そう、ネーミングが結構大事なんですよ。子ども同士の関わりをつくるという点で、もう一つ好評だったのが「ドラえもん病院」です。病院といっても、実は勉強させる会で、内科とか小児科の代わりに、音楽科とか算数科があって、算数が苦手な子とか、今日の宿題がわかりそうもない子が自由に参加できる。ドラえもんの絵を描いた「ドラえもん医院」という看板があるんですが、放課後とかお昼休みに、それをぶら下げるんです。その看板が出ると、病院が開設されるということになっています。

その病院には看護師さんもいて、頭に白い画用紙で作ったナース帽をかぶっている。ドクターに診断してもらうと帰りにちゃんと処方箋が出て、「かけ算の九九、食前食後に7の段を言う」とか、「同じ問題を五問やって、全部できたら回復です」というようなことを書いていました。

最初は私一人でやってたんだけど、患者さんが多すぎて間に合わない。これはドクターをつくらない手はないと思って、教え方が上手な子に「医師免許証」を渡すことにしたんです。例えば、空き教室があれば、そこで笛の上手な子がドクターになって笛を教える。発達障害のある子でも、計算だけはできるという子がドクターになれる。ネーミングのおもしろさが受けて、雨の日なんかしょっちゅう開設してました。「数独」（マスのあいたところに9までの数を埋めていく）は、早くできた子たちに、高カロリーの「栄養剤」にしていました。「先生、作っといて！」と言うので、数独のコピーを作っておくと、子どもたちはそれをやるのを楽しみにしている。

篠崎　おもしろーい！　着想がすごいね！

「処方箋」だとか、「医師免許証」だとか。そんなふうな世界を演出されると、勉強することが楽しいよね！　出来ないことがあっても安心だよね。それに、ドクターとか、看護師さんとか、そんなふうに子どもたちは誰かの役に立つって、すごくうれしいことなのよね。村瀬さんの実践は必ず「外へ、多様に、楽しんで」ですね。「できない」とか「不安だ」とかを、「安心して言い合える集団」に育てている集団づくりですね。

トラブルこそ人と人との付き合い方を学ぶチャンス

村瀬　麗子や真琴のお母さんのことをちょっと話しましたが、親との対応という点で、私が大切にしているのは、ひと言で言うと「ねぎらう」ということです。親だって大変なんだということで。そして親には、何かあったら家で叱り直すのでなく、その子をほめる（認める）役割をしてもらったり、ちょっとしたアイデアや知恵を出してもらう関係になりたいなあと思っています。子ども同士のトラブルというのは必ず起こります。ですから、最初の保護者会で親たちに話すんです。

《慣れてきたら友だちと関わりを持つようになります。つながりができればできるほど、楽しいこともたくさんあるけれど、感じ方や考え方、関わり方が違うので、トラブルは必ず起きます。そういったトラブルこそ、人と人との付き合い方を学ぶチャンスです。誰かとトラブルがあったとか、何かされたと聞いたら、「うちの子もやっと人と関われるようになってきたんだな、友だちができ始めたんだな」と思って、うんうんと話を聞いてやってください。子どもはたいてい、自分に都合のいいことしか言わないので、うんうんと聞いているだけでいいです。でも「うちの子はそんなトラブルはない」という方は、逆に心配してください。何のトラブルもない子は、誰かのいいなりになっているか、一人でいるか、関わりの少ない、主張しないタイプが多いですからね。》

そんなふうに話すと、トラブルを起こしそうな親もホッとするし、被害者になるんじゃないかと心配している親もホッとする。さらに、

《……ケガをさせたとか、物を壊した時には、子どもに謝罪するということを教えたいので、その時は相手のおうちに電話番号を教えていいですか。また、子どもに何かあった時、その場の勢いで「うちの子、こんなことされてどうなってるんですか！」と書きたくなると思うんだけれど、そこで、聞いた勢いで連絡帳にバアーっと書くんでなく、一呼吸置いて、最後に「……と、子どもは言っています。学校でどんなことがあったか聞いてやっていただけませんか」とひと言つけ加えると、教師ともうまくやっていけると思います。》

そんなふうにユーモラスに話すと、親はニコニコして聞いてくれます。子どもの言うこ

とを鵜呑みにして「学校は何してるんだ！」と書いてきて、実際はたいしたことでなかったというケースは結構あるんです。

例えば、川の方を向いていたら突き飛ばされて「うちの子は殺されかかった」と書いてきたお母さんがいるんですが、あとで子どもに事情を聞いてみると、川をのぞいていた子がいて、その後ろの子が落とした物を拾ったら、ランドセル同士がぶつかったらしく、川を向いていた子がびっくりして走って家に帰って、泣き出した。親は子どもの話から、てっきり突き飛ばされたと思い込んでいる。

ところが聞いてみると、押したと言われた子も、何のことかわからずキョトンとしている。周りの子も、「何も言わんと走って帰ったから、わからへんかった」と言うんです。偶然起こった出来事でした。結果的に、「黙って帰って、言えなかった自分の子どもの方が問題だった」ということに、あとでお母さんが気づかれたということがありました。

こんなふうに、子どもは自分が感じたようにしか言わないので、問題が学校にあった場合は「（本人から）事情を聞いてください」と言っていただくと、すぐ手が打てるし、こちらとしてもありがたいです、というような話をするんです。保護者たちの中には小さなトラブルに一喜一憂する人が多いので、そういうことを伝えてひとまず安心してもらう。そして子ども同士にトラブルは付き物なんだということをわかっておいてもらうんです。

学校であったことを家で叱り直さないでください

村瀬　もう一つは、トラブルを起こす子の親です。たいていは子どものことで謝ってばかりなので、はじめはできるだけ良いことを伝えていく。電話をすると、必ず「また何かやりましたか?」とおっしゃるんで、

「いえ、そうではなく、今日、一年生が具合悪くなったので、保健室に連れて行ってほしいと頼んだら、おんぶして連れて行ってくれたんですよ。やさしい子ですね。おうちでもそういうお手伝いをしてるんですか」

と言ったら、たちまち声のトーンが変わって、「うちは小さい弟の面倒を見させているんで」とか、「手伝いで荷物運びもさせているんです」といった返事が返ってくる。どんな親もわが子を認めてほしいんです。「うちは謝ってばかり」とか、「悪いところばかりじゃない」という思いが伝わってくるので、特に子どもがトラブルを起こしそうな親とは、家庭訪問や、懇談会の前までに、必ず連絡したり家に行ったりしてコミュニケーションをとっておきます。そういうふうに信頼関係をつくっておくと、いずれ必ずトラブルは起こすんで（笑）、その時、

「お母さん、今日はいい話じゃないんですよ……」

と切り出すと、

「そろそろやと思っていました」

と、受け止め方が全く違う。目の色変えて「うちの子のどこが悪いねん！」とはならない。ケガをさせたことを伝えると、

「先生、すんません。うちの子、ほんまに悪いやろ」

「ほんまに悪いことするなあ。でも、やったことが悪いだけで、子どもは悪くないよ」

そう、私が言うと、

「年に一四回も、謝りに行きます」

「じゃあ、今回も謝ってもらいましょ。ちゃんと筋通してね」

「わかりました！　子どもを連れてすぐ謝りに行きます」

そんなふうに言える関係ですね。そして、それは同時に子どもを守ることにもなるんです。

篠崎　絶妙なやりとりですね。そんなやりとりができるなんて、すごくうらやましい！

村瀬　前に紹介した愛着障害のあるかっちゃんですが、かっちゃんのお母さんがいちばん救われたのが、私が連絡帳に書いた「学校であったことを家で叱り直さないでください」

学校であったことは学校できちんと指導しますので
家で叱り直さないでください
トラブルを起こしたことで傷ついているはずだから何も言わないでぎゅーっと抱きしめてあげて……
やってはいけない一例
お宅のお子さんが○○さんをなぐって鼻血を出させたんです家でもよく注意してください
親は子どもを叱りそれで親子関係が悪くなることがよくある

ということだったって言うんです。私は、「学校であったことは学校できちんと指導するから、家でそれを蒸し返して、叱り直さないで！トラブルを起こしたことで、きっと傷ついて帰っているはずだから。暴れたり暴言も吐いたけど、今日は何も言わないで、ぎゅーっと抱きしめてあげて」と伝えるんです。それがすごく助かったと言う。なぜなら親子の関係が悪くならなかったから。

　ところが初めての電話でよくやってしまうのが、

「お母さん、今日、休み時間にお宅のお子さんが○○さんを殴って鼻血を出させたんです。家でも、よく注意してください」

　つまり子どもに注意をしてほしいというメッセージを送ってしまう。すると、当然、親は帰って来た子どもを叱る。それで親子関係が悪くなっていくということがよくあります。そうではなくて、私は、電話口に出たお母さんに、

「いっしょにお風呂に入って、お腹もいっぱいになった時でいいから、『今日はちょっと元気ないけど、何かあったの？』と聞いてあげて。お腹がすいてる時はダメですよ。それで、子どもが正直に言ったら、言えたことをほめて、『じゃあ、いっしょに謝りに行こか』と言ってあげて。お父さんやお母さんが頭下げるところを見ることも、子どもは勉強になりますよ」

「今日、こんな事件があったんだって！」と詰問するのでなく、「今日は何かあったの？」と問いかける。「今日はいつもと違うな」ということに、お父さんお母さんが気がついているということがわかると、子どもの答え方も変わるし、その結果、親子関係も悪くならない。ですから、私からおうちの方に伝える時はこんなふうにも言います。

「これまで何か問題を起こしても、最後まで『オレは悪くねえ』と言い張っていたのに、今日は最後に帰る時『ごめんな』って言えたんです。これは、彼がすごく成長したということです。だから今日はそのことを認めてあげることが大事です。『先生から聞いたけど、やったことは悪いけど、『ごめんな』って言えたことは大きな成長だって、先生が言うてはった』、そう伝えてください」って。

実際、お父さんが「おまえ、ごめんなと言えたそうだな」と言ったら、それから「ごめんな」と言うようになったという子もいましたから、保護者に対してはそういう丁寧な関わりがとても大事だと思います。

真っ黒に塗りつぶされたお母さんの顔の絵

村瀬　次に「ねぎらう」ということですが、発達障害の子を抱えている親とか、乱暴する子の保護者は、子どもが小さい時から苦労している人がとても多いんです。

鉄平くんは小さい頃からどうも他の子と違う、おかしいというので、お医者さんに連れて行ったらＡＤ／ＨＤと診断されて、やっとその原因がわかったという子です。お母さんがそのことを話してくれたので、早めに家庭訪問して、

「お母さん、今までいろいろ苦労されたでしょう。お母さんのしつけのせいと言われたりしたんじゃないですか」と言ったら、ボロボロ泣き出して、

「そうなんです。『結婚式には連れて来ないでくれ、親戚として恥ずかしい』と言われました。カッとすると、その辺の物を振り回したり、箒で叩きに行ったり、何をするかわからないので、近所の人にも謝ってばかりなんです。子どものことをどう説明したらいいか

もわからないし……」

そう言って涙を流しました。

「鉄平くんの特性を理解して、のびのび成長していけるようにいっしょに勉強していきましょう。それと鉄平くんに手がかかっていますよね。兄弟のことをつい忘れがちになるんだけど、弟さんのことも同じように可愛がってあげてね」

そう言ったらまた、わあーっと泣き出したので、「どうしたの?」と聞いたら、母の日に弟が描いたという絵を持ってきて見せてくれました。お母さんの顔を描いている絵なんですが、その顔が真っ黒に塗りつぶしてある。よくそんな絵を先生が持たせたと思うんですが、本人が持ち帰ってから塗ったのかもしれません。

「これを見て、先生が今言われたことが本当によくわかります。お母さんは僕のことなんか見ていない。お母さんはいないのと同じだっていうことだと思います。これは、私の戒めとして持っているんです。鉄平がＡＤ／ＨＤとわかってから、鉄平のことで必死で、手のかからない弟のことは幼稚園の送り迎えをするくらいで、ほとんど放った状態でした。先生のおっしゃる通りです。わかりました」って。

篠崎　お母さん、よくそこまで話してくれましたね。

村瀬　そうなんです。しかも、そのお母さんは前向きの人だったので、カウンセラーの先生にも同席してもらって、四月の最初の懇談会で鉄平くんのことを公表したんです。

「息子はＡＤ／ＨＤです。こだわりがすごく強くて、周りの音や物を全部同じ強さで受け止めてしまうんです。ですから、他のお子さんでは何でもないことでもパニックを起こすことがあって、迷惑かけることがあると思います。そういう時は謝罪したいし、また何かあったらぜひ教えてほしいです。それが私の勉強にもなりますから。パニックを起こすと、殴ったり叩いたり、その辺にある物を投げたりするので、本当は私がずっとついていたい気持ちなのですが、それもできないので、よろしくお願いします」

そう言ったら、カウンセラーの先生が、

「子どもたちはみんな特性を持っていて、こだわるところが違うし、弱点もあります。いまお母さんが言われた、鉄平くんが生きやすいクラスをつくっていくということは、他の子にとっても居心地のいいクラスになるはずだから、ぜひみんなで応援していきましょう」

そうしたら、他の親たちも納得してうなずいたり、「困ったことがあったら、遠慮せず声かけてね」と、とてもいい雰囲気になったんです。このクラスには鉄平くん以外にもやんちゃな子がいて、うちの子も心配というお母さんがいました。鉄平くんのお母さんは、

「同じような悩みを持っている人の情報がほしいです。私の電話番号を伝えてもらって

ワラビ餅を
つくったり
おにぎり大会
をやったり
鉄平くんの
家は次第に
サロンになって
いった
これまで なかなか
集団に入れなかった
子も来て友達と
遊べるようになり
その後
支援学級に
入った子の親たちも
相談に来るようになり
「悩める親たちのサロン」
になった

いいので、ぜひ家にも遊びに来てほしいです。私は鉄平より先に死んでしまうけど、この子は地域の中で生きていかなくてはならないんです。いっしょに遊んだりすれば、子どもたち同士もわかり合えるし、物づくりでもなんでもできることがあればいっしょにさせていきたいと思います」

　そう言ったら、泣いて聞いている人もいるし、「お母さん、つらかったね」と言ってくれたり、「がんばって！」と励ましてくれたりしました。

　この後もトラブルは結構あるんですが、それでも鉄平くんの家に遊びに行かせてくれました。鉄平くんの家からは、「ワラビ餅をつくるので、遊びに来てください」というカードが配られたり、おにぎり大会をやったりで、そのおうちが次第にサロンになっていったんです。そうしたらこれまでなかなか集団に入れなかった子――乱暴な子、多動な子、軽い知恵遅れの子、ＬＤの子、おとなしい子などもその家に行って、友だちと遊ぶことができるようになりました。後に、支援（養護）学級に入った子のお母さんも含めて、四～五人がそこに相談に行って、「悩める親たちのサロン」になったんです。

篠崎　子どもたちもそうですが、みんなつながりたい思いを持っているんですよね。まして わが子が障害を持っているなら、悩みもあるだろうし、情報もほしい。地域にそんなサロンがあったらすごく心強いですね。

かっちゃんのお母さんとの出会い

村瀬　一方、かっちゃんのことですが、専業主婦の多い地域で、両親は建築現場で働いていました。子どもも親も入学説明会に来ていませんでした。それでどんな子なのかわからなかったのですが、入学式の時も並べないし、言葉がよく通じないようだし、いざ授業が始まると、鉛筆を持っても目をつぶってしまう。上から手を持って書かせても「無理っ！」と言って拒否する。そのうち、フラフラ外に出て行く。他の子と全く異質だし、おかしいなと思って、いろいろ聞いてみました。

かっちゃんは学童保育に行っているんですが、お母さんは遅い時間に迎えに来て、まるで物をつかむようにパッと抱えて連れて帰るようでした。また、自分だけさっさと歩いて、かっちゃんがトボトボついて行く姿が異様だったとも聞きました。

私はこういう子を担任すると、いつも「この子に選ばれて担任になったんだ」とポジティブに考えるようにしているんですが、援助も拒否する子だったので、本当に困りました。とにかく早い時期にお母さんに会っておきたい。それで四月の第一週目、お母さんに確実に会える時間を選んで、偶然を装って学童保育に行ったんです。

事前の情報から、かっちゃんは放っておかれてるのかなと思ったんですが、そうではなくて、お母さんはひょいと荒っぽく子どもを肩車に乗せて帰ろうとしていて、かっちゃんは高い高いされてお母さんの肩の上で喜んでいる。子どもが嫌いな人ではないんだなということがわかりました。ただどう接したらいいかわからない、言ってもきかないから放っているというか、かっちゃんのアプローチに対し、荒っぽくしか応じられないようなんです。

その後、お母さんとはいろいろやりとりがあるんですが、のちにかっちゃんに愛着障害があるとわかった時、お母さんが泣きながら言ったのは、「妊娠したのは自分が仕事に夢中になっている時で、まさかまさかの予期せぬ妊娠だった。生むかどうか迷った末の出産だったため、それが子どもに伝わったのではないか。子育てらしいことは保育所まかせで、自分は食べさせただけだったかもしれない」と言うんです。

結局、かっちゃんは幼児期に必要な体験もしつけもされていなかったのでしょう。保育所時代も支援の先生がクラスについていたそうですが、隅の方で一人寝ころんで好きなことをしていたようです。その一方、お母さんは勉強が心配だというので、かっちゃんを塾に入れたんだそうです。ところが、そこで特訓されてパニックを起こし、辞めさせられてしまった。強引に勉強させられたということで、それがトラウマにもなっている。どんと自己評価が下がってしまったんですね。

その頃、かっちゃんはきっと親に向かってなにかメッセージを発信していたんだろうと思うんですが、親は仕事に忙しくて、しかも疲れているから、早く食べさせて、お風呂に入れて、寝かせるだけ。彼の要求だとか、発信するメッセージには応えてこなかった。だから学校では、失敗しそうなことは、はじめから「無理！　拒否！　お断り！」。大人には、「さわるな」「だまれ」「うるさい」「死ね」「こんな学校ぶっつぶす」と毎日苦しい言葉を叫んでは、エラそうにして、支配しようとしていました。どれだけ傷ついてきたのか、悲しい叫びだったんです。

篠崎　大人は、全部敵に見えたかもしれませんね。村瀬さんはその親子の関係を改善するために、どうされたんですか？

村瀬　お母さんとはずーっと連絡帳でやりとりしました。その連絡帳が二年間で十三冊になっているんですが、そこで一貫してやってきたことは、お母さんを「ねぎらう」ということと、子どもを「ほめて（認めて）もらう」ことでした。「このことをほめてください」「できなかったことを叱り直さないでね！」って。

連絡帳でお母さんの役割を伝える

村瀬　連絡帳を使ったのは、かっちゃんからは、伝えたいことが正確に伝わらないんです。「今日は、入学以来初めて絵を描きました」という時も「絵を描いたの？」「描いてへん」「たこ焼きつくりました」「つくってへん」……そんな感じなんです。

そこでお母さんに、「かっちゃんが好きなものは何？」とか、味覚過敏もあるようだったので、「食べられるものは何？」とか、「学校ではくるくる回っているけど、家ではどうですか？」と書くと、「リビングをくるくる回っている。『そうやると落ち着くねん』と自分で言っています」といったことがわかってきました。さらに彼がこだわったこととか、

「ここが難しかった」とか、「これをやってみました。成功！」といったことをお母さんに連絡帳で伝えていきました。お互いの知恵を出し合いたかったんです。

彼は、評価されることや順位をつけられることは極端に嫌がるし、完成が見えないことは苦手、しかも出来映えを気にするので、家ではそれと全然違うことをしてもらうことにしました。かっちゃんの場合は、発達障害もありますが、愛着障害の側面が大きいので、お母さんといっしょにお風呂に入るとか、しりとり遊びをするといったことをお願いしたんです。

「かっちゃんだから『か』のつくことば遊びをしてください」

そしたら「かかかか……と言いながらお風呂で楽しかったです」と報告してくれました。感覚も過敏なところがあるので、油粘土のにおいも感触も嫌がりました。

「お休みの日、もしいっしょにお料理ができる時があったら、ハンバーグをこねるとか、小麦粉をこねるといったことをさせてください。彼はきっと興味があるはずだから」

お母さんは料理好きな人で、ホカ弁とかは絶対買わない。そこだけは大事にする人だったので、そんなお願いもしてみました。そうしたら「小麦粉にはさわらなかった。お箸でグルグルしてた」といったことがわかってきました。

学習教材なんかも、彼の好きな絵を私が描いて、それを表紙にして、彼の教材を作りました。絵は描かないので、ポケモンだったら色を塗ることができる。クレパスを嫌だというので、おもしろい文具を買ってきて、「この中の好きなのを使っていいよ」と言ったら、光るからおもしろいと言って、マーカーを使って、金粉をふってみるとか。書写は苦手なので、平仮名のそっくりシールを買ってきて、そこに同じ文字を貼っていくとか。毎週、どうやってかっちゃんの興味をひき、遊び的に学んでいけるか、個別の支援計画をたてながら試した二年間でした。二年間ずっと、月曜日のかっちゃんとの出会い方を考えて過ごしましたね。五十音のマグネットは勉強という感じがするのでダメだったとか、いろいろ模索しながらお母さんとも情報交換をし、長い時間をかけて関係をつくっていきました。

お母さん、かっちゃんがリレーに出るよーっ！

村瀬　かっちゃんは運動会でもダンスはしないし、できない。失敗したら嫌だし、集団の中で行進することがまず嫌。五〇メートル走なんか、並ぶだけでもうパニック。支援に入ってくれた男の先生を殴る蹴るして、背中によじ登って髪の毛を引っ張る。それでも気が済まなくて、私を殴りにきて、「何で並ばせるんだー！」と怒りまくる。

それで、当日までどうしたかというと、彼はデジカメ係り。私のデジカメを首からぶら下げて、みんなの写真を撮ってもらいました。最初は目の前に並んでいる先生たちのお尻なんかを撮っているんだけど、「かっちゃんカメラマン、今日はみんなが並んで入場行進するところを撮って！」と言って、うまいこと連れて行くとか、「今度は校長先生を撮って！」と言って、子どもの列の後ろへ連れて行ったり、徐々に徐々にやっていくうちに列の中にも入って行けるようになったんです。クラスの子もそれを認め、成長を共有できるようにしました。

篠崎 気がついたら列の中に入れるようになっていたというわけね。少しずつ少しずつ引き込んで、行きつ戻りつ、でもいつの間にかできちゃうんですよね。

村瀬 そう、できるようになるんですよ。私は一、二年とかっちゃんを受け持ったのですが、二年生の時は五〇メートルを走ったんです。当日は絶対出ないと言っていたのですが、練習では遊びにして、木から木へ斜めのコースを一人で走らせて、「かっちゃん、早いやん、五〇メートル、いちばんだったね」とか、「かっちゃん、絶対勝てるメンバーだよ」と言って、足の遅い子と組ませたり。班長会と子どもたちとの作戦だったんですけどね。その組み合わせも徐々にかっちゃんに変えていって、他の子たちには「練習まではかっちゃんに勝たせて！ 本番は本気で」と班長が言って、いっしょに走ってもらうとか。子どもたちも「こっそり作戦」を楽しみました。

それで、いよいよ当日。五〇メートル走は、「一等やし、出たるわ」とエラそうに言って、初めて走りました。一度抜かれたんだけど、抜き返して一等でした。次は、高学年とのペアの種目、練習で全く参加しなかった「デカパンリレー（でっかいパンツに二人入って走る）」です。もちろん彼は出るつもりはないんですが、班長が、「かっちゃん、大変や。一等やろ！　速い人が出ないとデカパンリレー、白チーム負けるで！　かっちゃん、頼むで！」と言ったら、あっさり、「そんなら出るわ！」って、本当に出たんです。子どもたちの力を感じました。

　突然決まったので、お母さんを探したら、お母さんは「出ないだろう」と思って、立ち話をしている。

「お母さん、かっちゃん出るよーっ！」

「絶対出ないって言ってたよ」

「出る出る！　出るって言ってるよ！」

「ええっ？　どこどこ？」

お母さんはあわててケータイで写真を撮っていました。そしたら同じように発達障害のある子どものお母さんたちが二人寄って来て、「よかったなあ」とわがことのように喜んでくれていました。

お母さんが変わったことで、かっちゃんもすごく変わったんです。かっちゃんは今三年生になっていて、担任も変わりましたが、「もう心配しなくていいよ。先生が変わっても大丈夫！　学校には友だちもいるから。それに、かっちゃんのことはずっと学校のみんなで見守っていくからね」と言ってあります。

十三冊になった連絡帳は、二年分表紙をつけてお母さんに渡してあるんです。

「かっちゃんの歴史だね」と言ったら、読み直したらしくて、

「先生、一年生の運動会の頃って、私、ひどいこと言ってましたね。隠れているかつを見て、『殴ってでも参加させてくれ』って言いましたもんね」って。

当時、私は、お母さんに、

「かっちゃんはダンスはしないけど、衣装つけて座席に座っているってことは、気持ちは参加してるってことやで。『何でうちの子だけ』と思うかもしれないけど、本当に拒否してたら、衣装なんかつけないよ。帽子かぶってマントつけて座っているのは、心は参加してる証拠。彼の精いっぱいの姿なんやから。そう読み解きや」

そう言ったんです。お母さんは、「それを受け止めるのにものすごく時間がかかりました」と、しみじみ言っていました。

一年の時は、物陰に隠れて見ていたお母さんでしたが、仲間もできて、ありのままのかっちゃんを受け入れてくれるようになりましたね。ただ、お父さんは、まだまだですが。

わが子の障害を認めたくない親の気持ち

篠崎　かっちゃんのお母さんが、自分の気持ちを見つめ直して言えるようになったのは、今の自分を肯定的に捉えられるようになったからでしょうね。でもそこまで行くのはなかなか大変で、わが子の障害に気づいてないというか、認めるのが苦しい保護者の方もいますよね。

幼稚園の頃は、ちょっとやんちゃとか、やや不器用というくらいで、特にそれが問題になるようなことはない。ところが、小学校に入ると、座って学習しなければならない。嫌なことでも好きなことでも、とにかく決められたことを決められた時間にやらなくてはならない。それは発達障害のある子に限らず得意ではない子も多いんだけれど、学校に上がったんだから自分でもがんばるぞと思っているし、まわりの期待もあるしで、何とかそのカベを乗り越えていく。

しかし、発達障害のある子にとって、そのカベを乗り越えることはそう簡単ではない。四五分机に座っていることができずに立ち歩いたり、自分の感情を伝えることができずイライラして、まわりの子を叩いたりする。

でも、そういうことをストレートに親に告げると、「家ではそんなことはありません」「幼稚園の時は大丈夫でした」という返事が返ってきて、暗に「先生の指導が悪いんじゃないか」という抗議が込められていたりする。まして、「病院で診断してもらったらどうでしょう」なんて言ったら、そこでぷつんと関係がキレてしまいかねない。

それでも担任としては精いっぱいその子がやる気になるように、いろんな工夫を取り入れてやっていくんだけれど、やっぱりトラブルは起きる。それでも親は、「家でやると、ちゃんとやります」とか、「家に友だちが来て遊んでいてもそんなトラブルは起きません」とか。でもまわりの子を叩いてケガをさせたって言うと、「エッ」と驚くんですが、それでも「うちの子は、〇〇ちゃんがこう言ったから叩いたので、相手が変わってくれないと」という感じで、なかなか認められない。その気持ちもわからなくもないですよね。誰だって、わが子が障害を持っているだなんて考えたくないですから。ですから今は、そういう言い方でなく、その子の「困り度」から出発する方がいいかなと思って、「うーん、そうかもしれないけど……。でも、朝の支度なんかはどうですか？」と聞いてみるんです。

「それが……学校に送りだす前から不機嫌なんです」

と言うので、「じゃあ、こうやってみたら」ということで、

「まずデジカメで、①朝起きた、②トイレ、③顔洗って歯磨き、④朝食、⑤カバンの用意（次頁参照）……と、学校に出かけるまでの行程を写真に撮って冷蔵庫に貼って、それができたら一枚ずつはがしていく、そんなふうにしたらできるかもよ」

そうアドバイスすると、しばらくして、「先生、できた！」と言って喜んでくれる。それからは少しずつ信頼してくれるようになるんですが、わかってくると、今度はあれもこれもという感じで、自分でも本を読んで、「先生、この方法がいいです」「先生、こうやってください、ああやってください」と次つぎ過剰な要求を突きつけてくる。

「ごめんなさい、そんなふうにやるというのは、今のクラスではできないんですよ」

と言うと、怒り出してしまったりする。そこが担任とのトラブルになるところで、親が

すぐ役立つおすすめコーナー⑨

生活順番カード

絵に人物を入れず、物だけの方がわかりやすい子にはそのように対処する。

わが子を何とかしたいと一生懸命になってきた時期に、その要求を学校が受け入れてくれないというのは、親にとっては心外で納得できない。唯一の拠り所を失うことですから。

でも担任は担任で苦労してるから思わず、「そんなことを言っても！　こちらはこちらでこんなにやってるんだから」と言いたくなってしまうし、お母さんはお母さんで疲れてきて、「〇年生の時はこんなではありませんでした！」などとはっきりおっしゃる。教師も一生懸命、親御さんたちも一生懸命。子どものことを思って互いにがんばっている最前線だけにぶつかってしまう。それだけ、発達障害のある子のお母さんの思いに寄り添うというのは難しいことだと思うんです。

文字の読み書きができないことで、自分を隠して生きてきた虹男

村瀬　確かに親がわが子の障害を認めたくないという気持ちはわかりますし、実際そういうケースは多いんですね。でも逆に、早くに診断がついている子どもの場合、幼稚園なり、学校なりとうまく連携していけたら、その子の特性にあった工夫をそれなりにしてもらえるという利点はあるんですよね。ただそんな中で、知的な遅れを伴わないタイプ、いわゆる高機能と言われる子どもたちや、おとなしいタイプ（ＡＤＤや一部のＬＤなど）の子

どもたちの場合、学校では勉強はできるし、特別問題を起こさない場合もあるので、往々にして未診断のまま放っておかれるケースが多いです。そのため、感情の発達などが二極分解したままで、被害者意識が芽生えたりして、敵か味方かで人を見てしまったり、大きくなって鬱病になったりというケースもあると聞いています。

そういう病的状況に至らないまでも、今現在子どもたちを見ていて気になるのは、例えばアスペルガーの子などは、相手の話している言葉がある部分しかとらえられない。あるいは言っている意味がよくわからない。そこで、とりあえずにこにこ笑っておく子もいます。問われると答えられないので、ごまかして生きている。そういう子は、今すぐ大きな問題にはならないまでも、その「装って生きている」というところが気になりますよね。

篠崎　私もそれは感じています。何もトラブルを起こさない子、親も学校も「ちょっと変わった子」「ルールにえらくきびしい子」くらいで何も問題を感じない。でもそういう子が高学年にさしかかる頃から「どうしてみんなが笑えるのに、僕だけ笑えないんだろう」とか、「何で僕が話すと、友達はみんないなくなってしまうんだろう」などと一人で悩む。私の通級指導学級に来ていた虹男がそうだったんです。

彼は、文字の読み書きができないだけで、知的な遅れはありませんし、運動神経は抜群、毎年リレーの選手で、絵も上手で、コンクールで賞もとっている。その彼がこんなにも傷ついていたのか、ということを知ったのは、五年生で宿泊研修があるという時でした。「僕には友達がいない……」ということを初めて私に言ったんです。

なぜそうかというと、彼は、自分が「できない子」だということをみんなに知られないように、ひっそりと消極的に生きていた。「遊ぼう」なんて言えないし、「遊ぼう」と言われてもうまく遊べなかったらどうしようとか、字が読めないことがわかったらどうしようという不安で、出来るだけ人と関わらないように、装って装って生きてきた。だから宿泊研修に行くことも不安で、「僕は壁のところに寝る。そうすれば誰とも話をしなくてもいいから」って。そこまで悩んでいたんです。

そこで、学年が下の子と友達になる作戦をたてたりする一方、「ひらがなを覚えると、こんなふうに字が書けるよ」と言って、パソコンの操作を教えてきていたのですが、その後、彼自身も努力して、五年生になる頃までには、ひらがなが全部書けるようになり、漢字もある程度書けて、パソコンで日記もつけられるようになっていったんです。

その虹男が五年生の三学期に、お母さんにこう言ったんです。

「お母さん知ってる？　僕ね、お母さんに（通級教室での様子を）見られたくなかった頃、ずっと黄色いかばんをかぶって勉強していたんだよ」って。

虹男はそれまで「できない自分」を見せたくなくて、お母さんにも通級教室には来るな

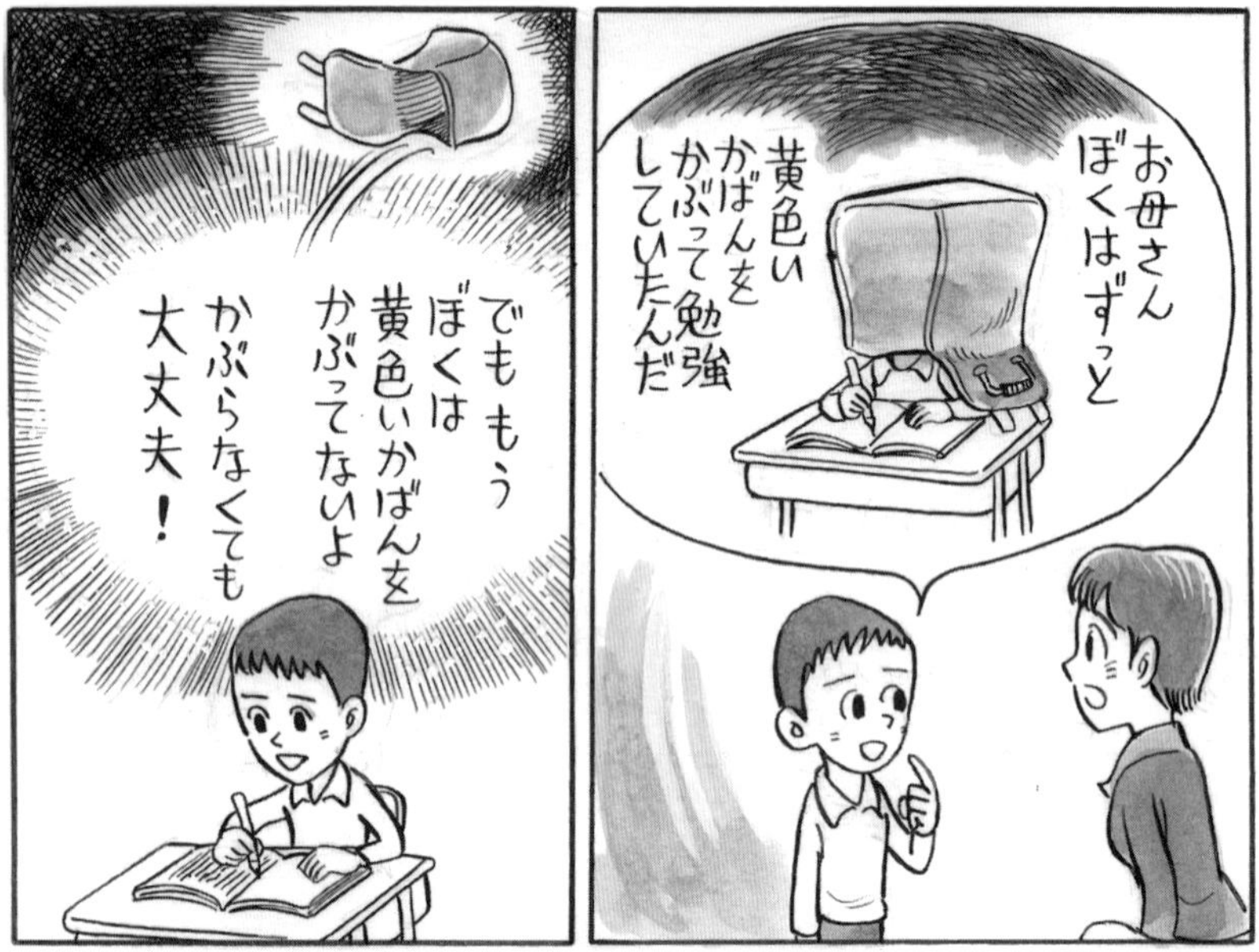

と言っていたんです。その頃の哀しい自分を「黄色いかばんをかぶって勉強していた」という言葉で表現したんですね。「黄色いかばん」というのは、手さげ袋みたいなものをイメージしてるんだと思うんですが、でも、その言葉って、「もう僕は黄色いかばんをかぶってないよ。かぶらなくても大丈夫だよ」というメッセージじゃなかったかなと思うんです。

その虹男が、六年生になって応援団に立候補して選ばれたと報告に来たんで、私はビックリして「えっ、大丈夫？ だって長いセリフのプリントだってあるし……」と心配したたら、

「大丈夫、セリフは三回耳で聞けば覚えられるし、失敗してもごまかすのうまいし。みんなと練習するから大丈夫、まかせて！」

そう言ったんです。実際、当日は大きな団旗を振り、応援団のメンバーと相談しながら応援をリードする虹男がいたんですが、私はそれを見て、彼は「自分はみんなに比べてできないこともあるけれど、それが自分なんだ。ぼくのいいとこ見つけて、自分なりに生きて行くよ！」と一歩を踏み出したんだなと思って、すごくうれしかったんです。

村瀬　うれしい話ですね。読み書きが出来ないことで、自分は「全部ダメな子」と思いがちなんですが、そうではないということに気づかせてくれた先生に出会えた虹男くんは本当にラッキーだったと思います。

篠崎　虹男の障害をキャッチしたのは、私の前任で、通級指導担当の麻美先生だったんです。校内で気になる子どもたちを見つけるという支援活動の中で全学級を参観させてもらった時、「勉強したいけど、字がぐるぐる巻きになって、僕に向かって来る」という虹男の訴えに、もしかして読み書きのところだけハンディを持つＬＤ児ではないかと、ピンときたんですね。ですから虹男は、麻美先生に全幅の信頼をおいていたんです。

ところがその麻美先生が転勤してしまった。「なんで麻美先生は僕を置いて行ってしまったんだ」と荒れる虹男に出会ったのが私で、「じゃあ、麻美先生に今の気持ちを手紙を書こう」というところから、やっとこさ虹男の学習が始まったんです。

教室中にゴミを撒き散らした光景に涙するお母さん

村瀬　そうでしたか。そういう出会いを聞くと、私たち教員の役割は本当に重大ですね。ところで、話はもとに戻りますが、わが子の障害を保護者がなかなか認めたがらないといっても、やっぱり認めないことには適切な対応ができないですよね。ですから私は、親には、つらくてもその現実をできるだけきちんと見てもらうことにしているんです。

それで、例えばかっちゃんのお母さんには、参観日に少し早く来てもらって、「お母さん、いっしょに給食食べてよ」なんて誘いながら見学してもらうんですが、わが子だけが職員室の椅子の上に寝ていたり、給食準備中に廊下を走り回っていたり、あるいは一人でくるくる回っている姿を見て、最初は泣いていますね。

高機能ＰＤＤの真琴の場合なんかもパニックを起こした時は、お母さんに来てもらってその場を見てもらいました。

まだ一年生の頃だったんですが、「先生、大変！　真琴がまた暴れてる！」って子どもが呼びにきたので、急いで教室に駆けつけると、真琴が箒を振り上げ、サブに殴りかかる寸前だったんです。「真琴！　ストップ！」と体を押さえたんですが、押さえるとよけいムキになって箒を振り回す。危うくガラスが割れるところだったのですが、箒を取り上げたとたん、今度は突然、ゴミ箱を足で蹴って、教室中にゴミを撒き散らしてしまった。子どもたちは遠巻きにそれを見ている。声をかけたら、自分に向かってくることを知っていますから。それで私は、子どもたちには「大丈夫だから。きっと落ち着くから」と声をかけ、まずみんなを帰しました。

興奮がおさまった真琴は、ゴミの中でうつむいて立ち尽くしていたんですが、理由を聞くと、「自分がゴミを取ろうとしていたのに、サブがゴミを取ってしまった。廊下は私なのに、勝手に私の分まで取った」ということが理由だとわかりました。相手のやさしい気持ちと、真琴の「つもり」がすれ違っていたんです。

駆けつけたお母さんはその現場を見て泣いている。私も、その時はあまりの惨状にボーゼンとしてしまいました。その時、思ったのですが、わが子のことを知るためには、わが子を見ているだけではわからない、親はわが子に合わせた生活をしていますから。わが子を知るには、他の子との関係で見るのが一番ということが本当によくわかったんです。でも真琴自身にも、まわりの子にも、お母さんにも、こんな現場はもう見せたくない。パニックの前に止めてあげたいと心から思いました。

第Ⅵ章

親をつなぐ、地域につなぐ

かっちゃんの公園デビュー

村瀬　前章の鉄平くんの話の中で、おうちをサロンにしていろんな子どもたちが集まる居場所をつくっていったことを紹介しましたが、私は、学校で集団づくりをするのと同じくらい、地域での居場所、つながりをつくっていく取り組みが大切だと思っています。新学期が始まる四月からそれを意識していますね。

かっちゃんの場合も、休日にかっちゃんの家に遊びに行くよう呼びかけをしました。子どもたちが行くと、かっちゃんを公園まで連れ出してくれました。かっちゃんの家はすぐ近くに大きな公園があるのに、彼はそこに遊びに行ったことがなかったんです。文字の読み書きができないから友達と約束ができない。行き先を書くとか、何時に帰って来るということができない。彼は友だちに関心を示さなかったので、学校と家の往復だけで、授業が終わると逃げるようにおうちに帰って行く、そんな毎日だったんです。

そんなかっちゃんがある日、「かつ（僕）、水鉄砲買ってもらった」と言ったんです。それを聞いたタカが、「かっちゃん、それで遊ぼうや、放課後、自転車で行くし、他にも呼びかけたらいいやん」とフォローしました。そしたらかっちゃんが、

「みんなぁ！　水鉄砲持ってる人、家に帰ったら、ぼくとこの近くの公園に来ていいで。水鉄砲ない人は、かつ（僕）が貸してあげる」

入学した頃は二〜三語の言葉が出るくらいだったのに、こんなふうに呼びかける言葉が出てきたんです。かっちゃんがみんなに呼びかけたのは、初めてでした。

私は、これはかっちゃんが地域で生きていくカギになる日だと思いました。でも、参加メンバーを見ると、ヤンチャ一同が顔を揃えています。とめどなく何か起こしそうな気配がする。水鉄砲だから、まずずぶぬれになる。よその子にも水をかけてしまいかねない。でも、かっちゃんが初めて誘ったこの遊びは絶対成功させなければならない。それに、友達とお母さんをつなぐいいチャンスだと思い、「転ばぬ先の杖かも知れないけど……」と、お母さんに電話したんです。

そして、「これが、かっちゃんにとって大事なチャンスであること。成功させたいこと。そのために、どんなことに気をつけたらいいか。やりすぎる子たちなので、ずぶぬれになったら止めてもらうこと」などなど、いろいろ頼むと、お母さんは喜んで引き受けてくれました。

後で様子を聞くと、一〇人くらいの参加で、人や車や家に水をかけずに上手に楽しんだこと。お母さんがバケツで水をたっぷり提供してくれたこと。かっちゃんが、甲高い嬉々とした声をあげて遊んでいたこと。ずぶぬれになった子どもたちを、一緒に大騒ぎしてお風呂に入れたことなどを嬉しそうにお母さんが話してくれました。

翌日、子どもたちに聞くと、おやつまで一緒にいただいたこともわかりました。かっちゃんに、やっと遊び友達ができてきたのです。

その後、みんなが誘い出してくれることで、自転車に乗れるようになり、鬼ごっこや秘密基地遊びもできるようになって、少しずつコミュニケーション力がついていきました。

篠崎　社会性がついてくると、トラブルも進化しますからね。しかしこれは次のステップへの大事な日ですから、ぜひ成功させないといけない。そのために「転ばぬ先の杖」をお母さんに提示したことは大切ですね。お母さんもそれにしっかり応えてくれている。

お母さんの力で楽器が弾けるようになった

篠崎　かっちゃんのお母さんのように、お母さんの力を上手に借りられると、本当に心強いんですが、私にもこんな体験があります。鍵盤ハーモニカが全然できない子がいて、学年での演奏を控えているんだけれど、吹いて指で押さえるということができない。それで先生がシールを目印に貼ったり、いろいろ試みたけれど、どうしてもみんなと同じように弾けない。もう万策尽き果てた。このままだと、その子は当日出ないか、パニックを起こしてみんなを叩いたりすることも十分予想される。それで私は、

「違う楽器にしたら？　ツリーチャイムをおすすめ！　いつやっても、どこでやっても大丈夫！」

と言ったんだけど、担任は首をタテに振らない。なぜかと言うと、「みんなと同じことをしないとお母さんは納得してくれないから」と。

そこで、お母さんに会った時、なんか予感がして、

「お母さん、音楽好き？」って聞いたんです。そしたら、

「それ、どうしてわかるんですか？」

「うーん、何となくネ。何か楽器やっていそうだから」

「そうなんです。私、ピアノ得意なんです」

「へえ、お母さん、得意なんだ！　実は、今度、学年全体で演奏するらしいんだけど、お宅の仁くん、まだマスターできないでいるんだけど、あと一カ月ある。どう、教えてもらえる？」

と言ったら、「やってみる」と言う。

「でもね、これ、本当は学校でやらなければならないことで、お母さんに頼むことじゃ

ないんだよね。本当は通級指導学級でやることなんだけど、私、音楽が苦手で……」

と言ったら、

「大丈夫よ、先生、私、得意なことならやる！」

「やってくれる？」

「ハイ！」

ということで、何と、それから二週間で仁くん、弾けるようになったんです。それで、

「どうやったら弾けるようになったか教えて！」

と言ったら、お母さんはニコニコして、

「うん、この子はね、見ただけの時は絶対嫌だって言うんだけど、やってみせてあげると、けっこう喜んでやる。私がいっしょにやろうと言うと、やるんです」

とうれしそうに言う。

「さすがー！」というわけで、仁くんは当日、舞台に上がってちゃんと演奏ができました。そのことをほめると、お母さんはいつでも喜ぶんですね。

「あの時の鍵盤ハーモニカの教え方はすごかったよね」

「だって先生が苦手だって言うから、私、がんばったのよ」

それまでは表情が能面のようで、口をついて出るのはいつもグチばっかり。私が指導の

後に「三つは仁くんをほめてあげてね」と言うんだけれど、ほめても途中から必ず小言に変わる。多分、お母さん自身もほめられてきていないんでしょうね。それに、仁くんのことで責められることも多いし……。

「わっ、そうかっ！　お母さん、すごいいいこと教えてくれて」っていうように、やっぱり人間って、頼りにされたりほめられたりすることがうれしいし、必要なんだなって思いましたね。

親も教師も子どもも「認められる」ことがうれしい

篠崎　このお母さんとはまだ続きがあって、「お母さん、この次、跳び箱頼みたいわ」と言ったら、

「跳び箱ですか？　うーん、跳び箱はねえ……跳び箱はダメだけど、縄跳びなら私、できる！」

と言って、子どもに「ダブルタッチ」ができるようにしたんです。

「すごい！　私はダブルタッチができないからどうやって教えたらいいかわからない」

と言ったら、

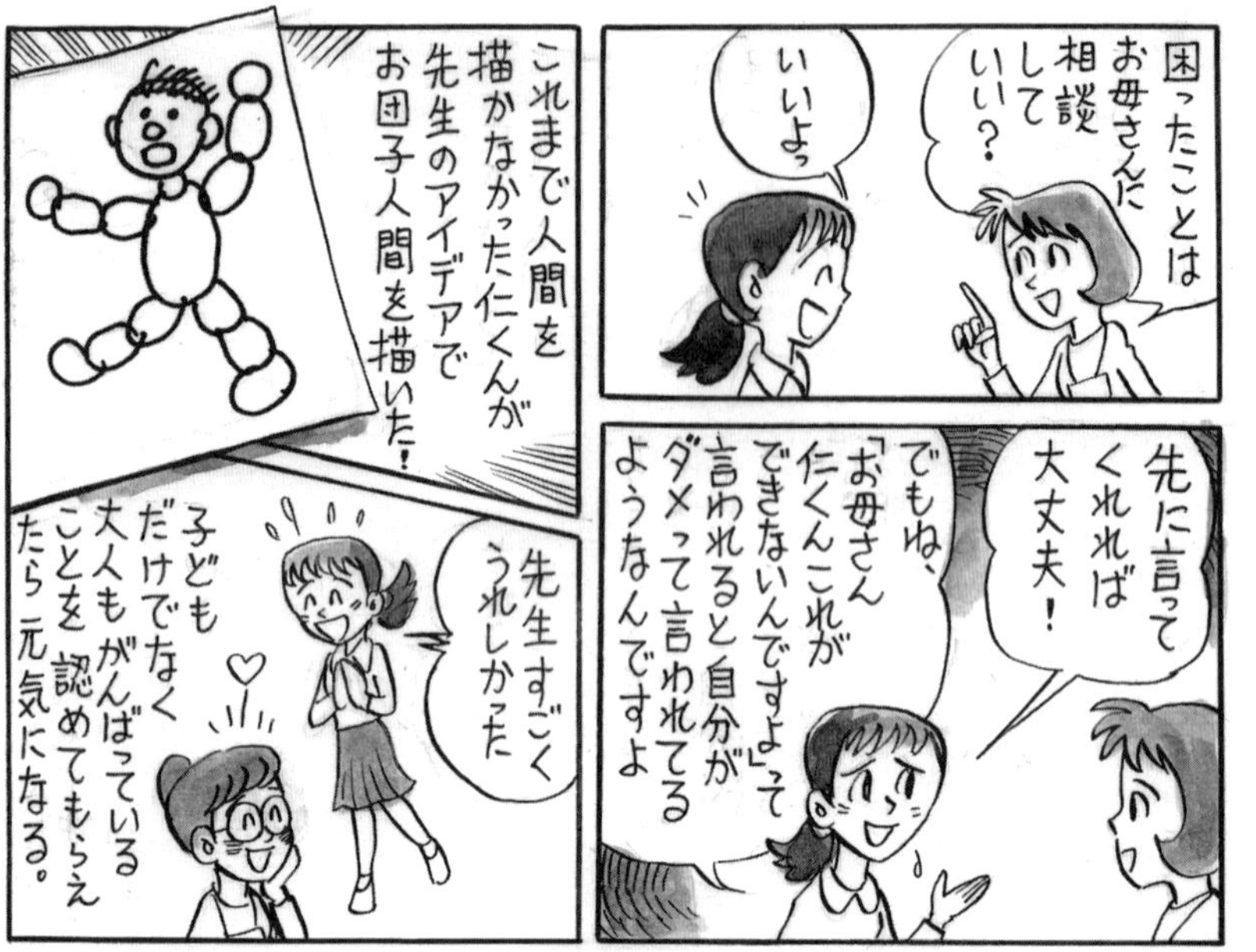

「先生、やって見せないとダメ！」

つまり仁くんには目からの情報が必要で、音楽の先生が「1の指とか、2の指で、1、2、3、ドレミ……」などと言ってもダメだったんです。お母さんが何度かやって見せて、間違ってもいいからいっしょにやろう！というやり方がよかったんです。それで、「困ったことはお母さんに相談していい？」と言ったら、「いいよっ」という元気な返事が返ってきました。

あとで、「親が手伝ってくれるというものはやってもらおう。できないものはできないって、率直に言った方がいいね」って、担任と確認しました。そのお母さんが言ってくれたのは、

「先に言ってくれれば大丈夫！　いついつこ

ういうことがあるけど、どうかなあ、と言ってくれれば、私は一生懸命やるから」って。お母さん自身も、何を、いつまで、どのようにやればいいのか言ってもらえば、それなりに手助けができる。でも突然、「お母さん、仁くん、これができないんですよー」と言われると、自分がダメって言われていると思ってしまうと言うんです。

（注・これは子どもとの具体的な関わり方がわからなかったお母さんの例です。「がんばりすぎるお母さん」には、また別のアプローチが必要ですが。）

実は仁くんは、それまで人間を描かなかったんです。立体的なジャングルジムは描けるのに、何で人間が描けないのかなと思っていたんですが、ボディーイメージがないのと、人間の体って直線ではないですよね。しかも動くので、線が変わるから難しいんです。そこで、担任の先生が体をお団子に見立てたそうなんです。首は長団子、体も腕も長団子、そのお団子を並べたらすごく上手に人間が描けた。それを聞いて、

「お母さん、先生に、絵が上手に描けてすごくうれしかったって、言ってもらえたらうれしいな！」と言ったら、その通り言ってくれたんですって。そしたら先生がとても喜んでくれた。

つまり子どもだけでなく、保護者も教師もがんばっていることを認めてもらえたら元気になるし、それをほめてもらえたら、もっと前向きモードになれるんです。

親たちだけの「ランチ会」

村瀬　ほめる・認めるということが簡単なようで、なかなか難しいんですね。

ところで、この章のはじめに、地域でのつながりということを言いましたが、そのつなぎのきっかけをつくるのはたいてい「困難を抱えた子ども」なんですよ。そして、「つなげられる」のが保護者です。親同士が親しくつながってほしい、いっしょに育てていくということが大事ですから。そこで私は、担任を持ったら、割と早い時期から親の「集団づくり」も意識的に取り組んでいくことにしています。

これは一年生を持った時なんですが、仲良く遊んでいるように見える子どもたちの中に軽いイジメ構造があることがわかったんです。いっしょのスポーツクラブに通っているんですが、あまり技術のあがらない子がのけものにされるような関係ができていて、強い子に命令されて、自分の物でもないのに忘れ物を取りに行かされたりということがあって、親も何となく不安を覚えていた。

そこで、ピンチはチャンス。いまはこんな形だけど、いつこれが逆転するかわからない。親同士、何かの縁で出会ったのだし、お互い顔見知りになって、子どものことで話ができるようになったらいいと思って、グループ懇談をした後、「ランチ会でもしませんか」と呼びかけたんです。そしたら親が乗ってきて「やろう、やろう」ということで、このクラスに「月一回のランチ会」が生まれました。

このランチ会は学年に広がって、懇談会や参観日のあるお昼の時間、みんなでホカ弁を買って食べながら話します。「先生はいなくていいんですか」と聞かれたので、「みなさんで工夫してやったらどうですか」と言ったら、それがとても良かったみたい。女の子の親同士とか、男の子の親同士とか、地域ごとにグループを組んでやるとか、ランチ付きの参観懇談会になりました。「食べながら」ってリラックスできるんですね。

クラスで「昔の遊び」の取り組みをしていた時などは、お母さんたちが「おしゃべり会」をしながらお手玉を作ってくれて、それが学級の「遊びグッズ」の中にプレゼントされました。

親たちがつくった「友達の家、訪問のルール」

村瀬　このランチ会は学年が変わっても続いていくんですが、去年持った学年では、学年懇談で「地域での訪問の仕方」についてお母さんたちがグループ討議をしました。というのも、子どもたちはどんどん友達の家に遊びに行くようになるのですが、そうすると、家によってはすごく高級なおやつを出すところがあって、ある家で駄菓子を出したら、「お前んとこ、こんなんしかないんか」と言われて親がすごく傷ついたということがありました。そこで、どこまで接待したらいいかとか、こういうことは困るとか、訪問する時のルールをつくりあげたんです。その中身がなかなかおもしろいんで、紹介しますね。

①まず子どもが来た時に、入ってはいけない部屋だとか、さわってはいけない物を最初に教える。（壊されたら困る高級な置物などがあるから）
②おやつは子どもからは要求しない。（しかし珍しいものがあったり、手作りのものがあったり、みんなで作るのは、子どもに文化を伝えるためにＯＫ）
③水筒を持たせる。
④大事なカードやゲームは名前を書くか、紛失のおそれのある物は持って行かない。
⑤人（保護者）がいない家には勝手に入らない。
⑥玄関に脱いだ靴は揃える。
⑦自転車は並べる。
⑧遊びに行った家にはお礼も言いたいので、ＯＫがあれば電話番号を子どもに渡す。

⑨遊んだ道具はみんなで片付ける。
⑩帰りは挨拶をして帰るｅｔｃ。

こんなことを決めたので、子どもたちはリュックを背負って、水筒を持って、自転車に乗って遊びに行くんです。ある家に行くと、いちごを栽培していたり、みかんの木があったり。それで、みかん狩りをしたり、いちごミルクをご馳走になったりとか。親たちも「都合悪い時は、都合悪いって言えるようにしましょう」と申し合わせてあるので、気が楽なんです。行ってみると、自転車がきれいに並んで、靴もきちんと揃えてあります。

篠崎　気軽に断ることができるという関係がいいですね。訪問する家は順番とか決めたんですか?

村瀬　どこの家に行くかは子どもたちが決めます。帰りの会で「今日、トンボ公園で鬼ごっこするからヒマな人、来てください」とか、「学校でキックベースするから来たい人!」、人数が足りないと隣の教室まで行って、大声を張り上げている。学年で給食の時に「呼びかけタイム」をつくりました。

一方、私は、誰と遊んだか、誰がどこまで行って遊んだか、時々調べるんです。遊びの地域地図です。すると、「あ、五人くらいかたまってこんなところまで行っている。これ

は新しいつながりができたな」とか、「この子はいつもこの三人としか遊んでいない。どこかで新しいつながりをつくらなくては」という課題ができます。

篠崎　地域に居場所をつくってあげたいですね。

前の前の学校にいた時はクラスの子のお父さんが、一〇人限定で釣りに連れて行ってくれるとか、テントを張るので手伝いに来てくれたら一泊お泊めしますとか、そういうことを親の間を回覧する「おしゃべりノート」にインフォメーションとして載せてくださり、楽しかったですね。

友達となかなか交われない子の家にお願いしてみんなで押しかけ、ニワトリを抱っこするとか、柿の実をもがせてもらうとか、自然に子どもたちの群れができるよう工夫してましたね。そのおうちは敷地がとっても広くて、山があったりするから子どもが迷子になってあわてたり、焼き芋大会をやってると、犬を連れて散歩してたおじいちゃんおばあちゃんが声をかけてくれたり。それから「豆じゅく」という、地域に宿題をやるグループをつくったこともありました。

でも、最近、急激に地域が変わりましたね。ほんの一〇年くらい前にはそんなことができたのに、ここ数年で地域の環境がガラッと変わった。学級の畑で作った野菜を売ってドッジボールを買ったなんて、夢のよう。そんなことを一つのクラス、学年でやるのはなかなかむずかしくなりました。

村瀬　かつては地域に、遊び集団を育てる場所があり親たちがいたんですね。今は確かに、活動しにくくなっています。

篠崎　でも、村瀬さんの話を聞いていて、工夫次第で親御さんたちのつながりはつくれそうな気がしてきました。楽しいことでつながっていけばいいんですよね。つながりができると、心も触れ合って悩みを聞いてもらったり、助けられたりの関係が生まれてくるのだと思いました。

夕食の風景から一人取り残された寂しい絵

村瀬　親をつなぐということで、最後にこの話を！

以前勤めていた学校での出会いですが、とても真面目な勉という子の話です。彼は、新しいノートを渡したらマス目の外に五ミリくらいの細か～い字を書く、枠の中に書かない。端から書いて、書くところがなくなったら消しゴムで消して、またそこに字を書く。その消しゴムも落とし物があったら「もらってもいいですか」と聞きに来る。もしやと思って聞くと、やはり新しいノートを買ってもらえなかったんですね。破れた上靴が気になったので、靴箱を見ると、真新しいのが置いてある。いつまでも履かないので、「もしかしたら、小さくなっちゃったの？」と聞くと、悲しそうにうなずく。やっと買ってもらえたので、それまでのを破れるまで我慢して履いていたら、新しいのがもう入らないぐらい足が大きくなっていたというわけです。思わず、涙が出てしまいました。

その子が虐待を受けているというのが、実は思いがけないことからわかったんです。骨折したと言ってギブスをはめていたのに、そのギブスがある日突然とれた。見ると、腕にひどいアザがある。聞いてみると、新しいお父さんが、「そんなもん、とってやる」と言っ

て引きちぎった上、殴られて家具かなんかにぶつかったというんです。小三というのに、骨折がこれでもう三回目！

もう一つ、虐待がわかったのは、たまたま描かせた絵でした。晩ご飯の風景を描くようにと言ったところ、彼が描いたのは食卓を囲んでいるのは両親と小さい子どもで、自分だけ布団に寝ている絵なんです。お母さんの前にはすごいご馳走が並んでいて、お父さんはビールを飲んでいる。自分が寝ているところと、そこの間の壁は真っ黒なんです。

それで、「どうしたの、これ？　病気だったの」と聞いたら、「僕は何ともなかったんだけど、お父さんが、おまえ、顔色が悪い、病気だから寝とけと言われたんで寝た」と言う。食事抜きにさせられていたんですね。そういえば、彼は給食をドカ食いする子だったんです。さらに「この黒く塗ってある壁は何なの?」と聞いたら、「僕はこの部屋に入れない。僕がいられるのは玄関と自分の部屋だけ、あとトイレ」という返事なんです。

お母さんは再婚で、新しいお父さんとの間に妹が生まれている。聞いてみると、夕方は七時まで家に入ってはいけないとか、朝は早くから叩き起こされて「走ってこい」などと言われている。でも彼は勉強のできる子で、ほめられようとして一生懸命がんばるんですが、それが親にとってはますます気に入らない。「ずーっとそうなの?」と聞いたら、「妹が生まれた時は、僕がご飯を食べさせる役だった」と言うんです。

「子どもに手を上げてしまう親の会」の誕生

村瀬　実はこの頃、地域に「子どもに手をあげてしまう親の会」というのができていたんです。きっかけは阪神大震災の時だったと思うんですが、避難して来た子どもが不登校になったとか、お母さんも友達がいないとか、いろんな困った問題が出てきて、面倒見のいいお母さんがクラスを越えて相談にのってくれたりしていました。

そんな中に中国から引き揚げて来た人がいて、子どものお弁当を作ったことがないというので、「じゃあ、お弁当の作り方を教えてあげる。その代わりに餃子の作り方を教えてくれない？」「その餃子を作る時にみんなを呼んでいい？」ということで、本格的な水餃子の作り方を教えてもらいながら交流の輪ができたんです。

そんな交流の中で、しっかりしたお母さん同士がつながっていくというのはよくありますが、問題を起こす子の親同士がつながっていくというのはあまり聞いたことがないですよね。でも問題を起こす子の親たちって、孤独だと思うし、傷ついてもいる。そういう親はたいてい開き直っていて、「うちのことは放っといてください」とか、「これ以上、家庭の問題に入らないでください」なんて言うんで、教師もそれ以上入っていけない。

でも同じ悩みを持っている親同士なら相手の気持ちもよくわかるはずだし、支え合うこともできるんじゃないか。それで、そういう親同士を何とかつなげないかというのが、いつも私の中にあったんです。

だから学童保育に子どもを預けているお母さんなんかに、よく「私はたいてい教室にいるから、学童に迎えに来たついでにいつでも寄ってね」って声をかけていたんです。すると帰りがけに話に来てくれる親がいて、「子どもが荒れて困っている」と言うので、

「同じようなことをあそこのお母さんも言ってたよ。殴りまくっていたんだけど、今は少しましになったって言ってたから、連絡してどんなふうにしたらいいか教えてもらった

親が手を上げたら必ず子どもも手を上げる子になっていく
私も親から暴力をふるわれていた……
……
わが子を見れば見るほど前の夫に似ていて可愛いと思えない……

らいいわ」

「じゃあ、お花見に誘ってみます」

そんな感じで、「子どもに手を上げてしまう親の会」というのも自然にできたような気がするんです。

篠崎　子どもを殴ってしまうなんてことは普通、人には知られたくないことですが、そういう親の集まりができたというのはすごいですね。

村瀬　冬、ストーブの火を見ながら「私も精神的に不安定だった時期があった」と告白してくれるようなお母さんが何人かいました。私に、人生を語ってくれるような人が何人もいたからできたのかもしれないですね。それに多分、みんな、心の底では悩んでいたからでしょうね。

それで、夜、何人か集まって、生活や子育ての話をしたんです。そこで、親が手を上げたら、必ず子どもも手を上げる子になっていくということがわかって、「私も親から暴力を振るわれていた」と話し出す親たちが何人も出てきた。中には夫の暴力に苦しんでいる人もいて、包丁持って追いかけて来るというので、そんな時のための避難所まで決めて、子どもを預かってご飯を食べさせたりという関係ができていったんです。その親の会に勉のお母さんを誘ったら、そこでお母さんがぽろっとこう言ったんです。

「この子を見れば見るほど、前の夫に似ていて可愛いと思えない。実は、私自身も手が出ていた。いっしょにいることが嫌なんだ」って。そんなふうに本当の気持ちが言えたんです。

篠崎　会そのものに、そんなふうに本音を言える雰囲気ができていたんですね。

家族の再出発をうながした親たちの助言

村瀬　やがて夏休みが来て、そのお母さんが勉たちを連れて故郷の沖縄に里帰りしたんです。で、帰ってきたら、勉が私にこう言ったんです。

「沖縄では食べ物がすごくおいしかった。おばあちゃんとこにいたら、暴力もふるわれないし、おいしいものを食べられるし、沖縄大好き！」って。

何しろ、こちらでは食べるものも十分食べさせてもらってなかったわけですから。それを、私がお母さんに言ったら、お母さんは悩んだんです。その前に、施設に入れる話も出ていたんですが、子どもに聞くと、「お母さんと離れるのは嫌だ。いっしょの屋根の下にいるだけでいい。お母さんの顔を見れるから」って。お母さんも泣いていましたね。ずーっと泣いて、ずーっと抱きしめていました。でも自分が変われる自信がなかったんです。

その一部始終をお母さんがまた、親の会で話したんです。そうしたら、周りの親たちがこう言ったんです。

「あんた、沖縄に行き！　子どもに罪はないやろ！」

「ここにいたらまた同じことの繰り返しや。一生、子どもとはそういう関係のままやで。ここにいたら、また腹立つで。子どものためにも、あんたのためにも帰った方がいいって」

結局、その「手を上げてしまう親の会」の親たちに説得されて、お母さんは沖縄に帰ることを決心するんです。帰れば自分の親もいるし、豊かな自然の中で時間がゆったり流れていく。今のようなイライラした自分でない本来の自分を取り戻せるんじゃないかと考えたのでしょうね。夫はどうするかなと思ったら、夫の方も仕事を辞めて一緒に行くと言ってくれたというんです。

もちろん、帰れば帰ったでいろいろ問題はあると思うんですが、でも、しばらくして、勉から葉書が届いたんです。そこには「おいしいゴーヤチャンプルーがつくれるようになりました」と書いてありました。

篠崎　劇的な展開ですね。誰でも迷っている時、ちょっと背中を押してもらいたい、そういう人が身近にいてくれるってありがたいですよね。「親をつなぐ」というのは意識してもなかなか難しいし、まして「問題を抱えている親同士をつなぐ」、それも「子どもに暴力をふるう親をつなぐ」というのが本当にすごいと思います。会場なんかはどこを使うんですか？

村瀬　中国から引き揚げて来た方に水餃子を教えてもらった時は子どもたちも参加して学校で行いました。「国際理解」という言葉を頭に使うとOKでしょ。作った餃子の食べきれない分はおみやげにする。そして次の会は地域の自治会館などで、親だけでやる。子どもは預かってくれる人を見つけて、子どもは子どもで遊ばせるとか。

ＡＤ／ＨＤの子どもを受け持った時などは、私が学習会に行ったりすると、そこにアスペルガーの子のお母さんが来ている。そこで「今度、こんな学習会に来ませんか」と誘って、そこで親同士を紹介してつないでいく。先に紹介したかっちゃんも真琴も親同士は知り合いなんです。それにもう一人、ＡＤ／ＨＤの子のお母さんがいて、その三人はすごく仲が良いの。参観日とか運動会には必ずいっしょで、「今日、どう？」とか、「人が多いから心配だわ」とか。かっちゃんが運動会で初めて走った時なんか、「良かったねえ、かっちゃん、走ったやん、すごいねえ」。その喜びを心からわかってくれるのが、悩んで苦しんできた親たちなんですよ。

篠崎　考えてみると、教師が子どもにしてあげられることって、限られている。その点、子どもは子どもを取り巻くたくさんの人たちに支えられて成長するわけですから、その教育力が十分その子に注がれるよう、周りの力を組織していく。つまり「子ども同士をつなぐ」「親同士をつなぐ」、それも教師の役割（できること）の一つだということがよくわかりました。

以前、村瀬さんから、転勤したら着任する前に新しい学区を回り、そこでの生活の匂いを感じて、実践の構想を練るという話を聞いたことがあります。子どもたちの居場所と出番を地域でつくっていくという村瀬さんの実践は、どんな状況になってもしたたかに、そして楽しく、「トラブル転じて福となす」「前へ、外へ、みんなで」、互いが認め合え、尊重される社会をめざしているということがびんびん心に響いてきました。また明日からお互い、焦らず、そして絶望せずがんばりたいですね。ありがとうございました。

あとがき

「先生、竜太です。僕、結婚したんです。子どもも二人できました」

懐かしい電話は、小学校三年生の時に出会った竜太からでした。彼は、その当時まだあまり知られていなかったＬＤ（学習障害）の中の読字障害と診断された子でした。当時、私は養護（支援）学級担任でした。

愉快で明るい竜太は、知的な遅れはないのに文章は読めませんでした。竜太との出会いは、教室の中にいる「一見出来そうに見えて、実は困っている子」に目を向けるきっかけになりました。その当時は、ＬＤという言葉も指導法もわからず、アメリカの文献で勉強しながら、読字障害のプログラムを利用して指導しました。そして、ＬＤに関する情報をいろいろな場所に発信したり、本やビデオを紹介したりしました。

卒業した竜太の母親から、久しぶりに電話があったのは、彼が十七歳の時でした。「発達診断を受け直したら、適切な指導をうけたので、生活に不便がない程度に克服できていると言われた」という報告でした。文章にあてると、単語が見える四角い穴を開けたカードや、一列だけ見えるカードを自分で作って、ずっと持ち歩いていたそうです。また、ミニ定規をあてたり、単語ごとにペンでチェックしながら、ある程度の速さで文が読めるようになったという嬉しい知らせでした。

今回の竜太からの電話では、「携帯電話って、めっちゃ便利」なんだそうです。

「メールは上にずらしながら、文字を一行ずつ読めるし、苦手な漢字も携帯で呼び出せる。カレンダーや目覚まし機能を使ったら、携帯が忘れそうなことも知らせてくれる。携帯がめっちゃ僕を助けてくれるねん」

「良かったなあ。便利な物ができて」と私も嬉しくなりました。

彼は、自分で生活しやすいように、学校で学んだことを自分なりに発展させたのです。

「先生、僕、毎日子どもを抱いて、絵本を読んでやったんやで。子どもは、何度も同じ本読んでって言うでしょ。僕は、今でも読むのへたやねんけど、ちょうどそれが良かってん。かみさんがあきれるぐらい読んでやってん。それでうちの子、もう小学生やねんけど、本好きやでえ。すごいやろ」

「竜太、いいお父さんになったなあ。すごくがんばったんやなあ」

「先生、ありがとう。自分でいろいろ工夫できるようになったし、かみさんや子どももいるから、元気でがんばれる。また、どっかで会いたいです」

明るい竜太は友人も多いです。理解してくれる人たちに出会い、自分自身も工夫して、便利な物を使いこなせるようになったことが生きる力になったようでした。

しかし、同じ発達障害でも竜太のようにはいかない人もいます。日常生活を送ることが難しく、苦労している人も多いです。

私の友人のサチは、アスペルガーとＡＤ／ＨＤの重複と診断されました。洗濯機を回しながら料理をしていても、パソコンが気になったら、料理のことなど忘れてしまいます。彼女は、ビニールの袋にタイマーを入れて首からぶらさげ、音で自分をコントロールしています。掃除は、途中で気が散ったりパニックになるので、週に何度かヘルパーさんと一緒にしています。買い物は、携帯のメモを見て、衝動的に買わないように余分なお金は持っていきません。外でパニックにならないように、アイポッドなどで音を遮断したり、落ち着くのに使います。

感覚過敏の強いサチは、好きな感触の布や温度調節の服などは、必須アイテムだそうです。大好きなコンサートでは、両隣りに人がいると苦しくなるので、座席は端の方を予約します。

静かな場所が好きなサチは、一番の理解者である夫の支えもあり、規則やパターンにこだわる特性を生かして、図書館司書の仕事を続けることが出来ました。最近、サチは、ブログなどで、同じ特性のある人や、理解してくれる友だちと交流をつづけています。自分から、障害の特性や克服の仕方を発信しているのです。

私たちの周りの発達障害の人たちは、よく紹介されるようなアインシュタインやトム・クルーズのような有名人ではありません。でも、とてもがんばって、けなげに努力して生きています。生活を楽しもうとしています。

発達障害のある子どもたちに出会う時、私たち教師は、まず、安心してありのままの自分を受け止めてくれる大人として向き合いたいと思います。そのためには、彼らの特性を知り、彼らの困り感を受け止め、学校生活を安心して送れるような工夫とサポートが必要です。

また、本書では、発達障害といわれる子どもたちだけではなく、発達の基盤に課題や弱さを抱えている子どもたちが登場しています。両親の離婚や労働条件の悪化などで親が子育てどころでなかったため、充分な愛情を受けられずに育ち、学校で荒れる子どもたち。また一方、幼児期からのお稽古ごとや早期教育で疲れ、大切な幼児期の発達課題を残したまま入学して来た子どもたち。発達を阻害されているという点では、そうした子どもたちも同じ課題や生きづらさを抱えているといえるのではないでしょうか。そこに、実践の糸口が見えました。子どもたちは荒れやトラブルを通して、ＳＯＳを発信しているのです。

発達障害のある子どもたちが過ごしやすい学級や学校をつくるには、私たち教師の個別の対応だけではできませんでした。そこには、必ず学級の子どもたちがいました。対談の中では、発達障害のある子どもたちだけでなく、一緒に生活している子どもたちがいろいろな取り組みを通して理解し合うようになったり、関係を変えたり深めたりしていく様子が読み取れると思います。

子どもたちのニーズに合わせた取り組みが、多くの発達を阻害されている子どもたちをも成長させています。子どもたちの特性に応じたサポートも必要だし、子どもは子ども集団の中で育っていくという社会的な関係を見ていくことを忘れてはいけないと思いました。発達障害のある子が大切にされる学校は、きっとみんなが大切にされる学校になるはずです。そんな世の中になれば、障害は障害でなくなるのではないでしょうか。

全国生活指導研究協議会で出会った篠崎さんと私は、発達障害のある子どもたちの話になると、話が尽きませんでした。この生きにくい社会の中で、困っている子どもたちを前に、何度涙を流したことでしょう。でも、一緒に悩み、こうしたらどうだろう、こう感じているのではないだろうかといろいろやってみる時に、ふわっとかわいい姿を見せてくれる時がありました。彼らに癒されることがありました。どこかで、彼らと同じ世界にいると感じる時がありました。そして、周りの子どもたちに、いっぱい助けてもらいました。その後ろに、同じように悩んだり喜んだりする保護者の姿がありました。地域がありました。

まだまだ、生きづらい世の中だけれど、どっこい、涙をぐいっとふいて生きている。そんな彼らの困り感やかわいいところ、けなげさ、共に生きていこうとする子どもたちの素敵なところをいろいろな人に伝えたいと思い、この本をつくりました。語り尽くせないこともありましたが、たくさんの人に読んでいただきたいと思います。

最後になりましたが、話の尽きない私たちの話を何度も聞いてくださり、本書の刊行までご尽力いただいた高文研の金子さとみさんに感謝して本書を閉じたいと思います。

二〇〇九年一月

村瀬　ゆい

篠崎純子（しのざき・じゅんこ）
1973年、神奈川県公立小学校の教師となる。現在まで公立小学校・支援学級、通級学級などを担当。全国生活指導研究協議会（全生研）常任委員。特別支援教育士。臨床発達心理士。著書に『がちゃがちゃクラスをガラーッと変える』『教師を拒否する子、友達と遊べない子』（以上高文研）『荒れる小学生をどうするか』（大月書店）『“競争と抑圧”の教室を変える』（明治図書）他。いずれも共著。趣味＝百円ショップめぐり。推理小説。

村瀬ゆい（むらせ・ゆい）
関西の公立小学校に勤務。うち8年間は肢体不自由、病虚弱学級、養護学級などの担任を経験。現在は校内コーディネーター。全国生活指導研究協議会元全国委員。小児科医・看護師・心理士・発達障害のある子の保護者・教師の研究会及び「のびのびキッズ」などの会員。特技＝保護者・職員とすぐ仲良くなれること。手品、集団遊び、音楽、演劇など体を使って表現すること。趣味＝映画鑑賞。読書。

ねえ！　聞かせて、パニックのわけを

●二〇〇九年　三　月一六日────第一刷発行
●二〇〇九年一一月一六日────第二刷発行

著　者／篠崎純子・村瀬ゆい

発行所／株式会社 高文研
東京都千代田区猿楽町二─一─八
三恵ビル（〒一〇一＝〇〇六四）
電話　03＝3295＝3415
振替　00160＝6＝18956
http://www.koubunken.co.jp

組版／株式会社Web D（ウェブ・ディー）

印刷・製本／三省堂印刷株式会社

★万一、乱丁・落丁があったときは、送料当方負担でお取りかえいたします。

ISBN978-4-87498-418-5　C0037